HISTOIRE

DE

NAPOLÉON BONAPARTE.

HISTOIRE

DE

NAPOLÉON

BONAPARTE.

NOUVELLE ÉDITION, AUGMENTÉE DE SON TESTAMENT.

VÉRITÉ, IMPARTIALITÉ.

PARIS.

F. DENN, LIBRAIRE, RUE DES GRANDS-AUGUSTINS.

1828.

A AVIGNON, DE L'IMPRIMERIE DE PIERRE
CHAILLOT JEUNE, ÉDITEUR.

AVERTISSEMENT.

———❧❦❧———

Dans une monarchie constitution-
nelle, tout doit tendre à consolider une
sage liberté : l'historien ami de son pays ne
s'écarte point de ce principe ; s'il écrit
la vie d'un homme célèbre, il ne se
laisse éblouir ni par sa renommée,
ni par l'éclatante auréole que la flat-
terie fit briller autour de sa tête ; et
s'il loue avec dignité ses talents, son
génie, ses exploits et tout ce qui en lui
a rendu plus grand et plus glorieux le
nom de sa patrie, il blâme aussi avec
une noble sévérité tout ce qui dans ses

actions a pu attenter à sa liberté : voilà dans quel esprit j'ai écrit l'histoire de Napoléon Bonaparte, que je présente au public.

HISTOIRE

DE

NAPOLÉON BONAPARTE.

———◆———

Napoléon Bonaparte naquit à Ajacio, le 15 août 1769. Son père Charles Buonaparte, d'une ancienne famille de jurisconsultes, s'était fait remarquer dans les troubles de la Corse, par son enthousiasme pour l'indépendance de sa patrie et son attachement à Paoli. Sa mère Lætitia Ramolino était une des plus belles femmes de la Corse, dont la mère devenue veuve s'était remariée à M. Fesch, capitaine Suisse. Le cardinal Fesch fut le fruit de ce second mariage.

L'enfance de Napoléon fut turbulente, et dans ses jeux il était rusé et méchant. Il battait et égratignait son frère Joseph, et lorsque celui-ci allait se plaindre à leur mère, il prenait les devants et le pauvre Joseph avait toujours tort. Il suivit en France en 1779, son père, qui, par la protection de M. de Marbeuf, obtint, pour son fils, une place à l'école militaire de Brienne.

Le jeune Bonaparte se fit estimer de ses maîtres par son application et son intelligence. Le père Patrault l'appelait son premier mathématicien. Il avait alors pour répétiteur de mathématiques Pichegru, si célèbre depuis. Lorsqu'il reçut la confirmation, l'archevêque lui demanda son nom de baptême. Il répondit : Napoléon. Ce nom ayant causé de l'étonnement au prélat, et le grand-vicaire étant surpris de ce que ce saint ne se trouvait point sur le calendrier : « Cela ne prouve rien, répondit l'élève, c'est un saint corse; et n'y a-t-il pas un nombre immense de saints, tandis qu'il n'y a que trois cent soixante-cinq jours ? »

A l'âge de puberté, Bonaparte devint taciturne et morose, la lecture fut sa passion favorite : il la poussa même à l'excès. A quinze ans, il quitta Brienne pour aller achever ses études à l'école militaire de Paris. C'est là que son caractère acheva de se développer, et que sa taciturnité, son inflexibilité, ses profondes méditations et la bizarrerie extraordinaire de son esprit firent dire de lui par M. Domairon, son professeur de belles-lettres, que ses amplifications étaient du *granit chauffé dans un volcan.*

Ses parents avaient fondé sur lui de grandes espérances. Son père, en mourant à Montpellier de la même maladie qui enleva son fils à Sainte-Hélène, d'un squirre à l'estomac, l'appelait dans son délire, sa grande épée. Le vieil archidiacre Lucien, son oncle paternel, disait au lit de mort à son neveu Joseph : « Tu es l'aîné de la famille ; mais Napoléon en est le chef. » L'abbé Raynal était frappé de l'étendue de ses connaissances, et Paoli l'appelait un homme de Plutarque.

Bonaparte avait dit-sept ans lorsqu'il fut nommé sous-lieutenant dans le régiment d'artillerie de La Fère. Peu de temps après, il reçut un nouveau brevet de lieutenant en premier dans un régiment de la même arme, en garnison à Valence. Ce fut un peu avant de se rendre dans cette ville, qu'une anecdote singulière fixa l'attention sur lui. L'aéronaute Blanchart avait annoncé une expérience aérostatique au Champ-de-Mars. Les élèves de l'école militaire avaient eu la permission d'y assister. Napoléon se trouvait placé près de la nacelle dans laquelle Blanchart était près de monter, il lui proposa de partir avec lui ; refusé par l'aéronaute, il montra une extrême opiniâtreté à vouloir prendre place dans la nacelle, et ce ne fut que sur l'intervention de ses maîtres qu'il consentit à se retirer.

Il dut à madame du Colombier, pendant son séjour à Valence, l'agrément d'être introduit dans les meilleures sociétés où brillaient mesdemoiselles de Laurency et de Saint Germain, depuis madame de Montalivet; mais elles ne firent aucune impression sur Bonaparte qui paraissait être plus attaché à mademoiselle du Colombier, sans cependant que cette liaison n'ait jamais eu rien d'intime.

A Valence, il courut le danger de se noyer dans le Rhône, en s'y baignant; le courant l'entraîna, il disparut. Ses camarades accoururent à son secours et le sauvèrent.

Dès le commencement de la révolution, il devint grave, observateur et peu communicatif. Il embrassa avec enthousiasme les idées nouvelles et son exemple influa sur son régiment. Ayant été nommé capitaine au commencement de 1792, il se rendit à Paris. Il s'y trouvait au 20 juin et au 10 août. Il remarqua combien il aurait été facile dans cette dernière journée, à un chef de sang-froid de détruire ces masses indisciplinées. Cette remarque fut sans doute, dans la suite, bien fatale à la France et aux Parisiens dans la journée du 13 vendémiaire.

En 1793 la Corse était en insurrection, et Paoli ayant reçu les Anglais dans cette île, les familles attachées à la révolution française vinrent chercher un refuge sur les côtes de Provence. La famille Bonaparte fut du nombre, elle se fixa à Marseille. La mère de Napoléon avait sept autres enfants : Joseph, qu'on a vu roi de Naples et d'Espagne; Louis, qui fut roi de Hollande; Jérôme, pour lequel le royaume de Westphalie fut créé; Lucien, qui fut républicain jusqu'aux cent jours; Caroline, ex-reine de Naples; Elisa, ex-princesse de Lucques, et Pauline, épouse du prince Borghèse.

À cette époque la France entière, indignée du triomphe de la Montagne sur la majorité de la Convention, s'insurgeait pour s'opposer à cette tyrannie. Lyon, Bordeaux, Nantes, Caen, Marseille et toutes les principales villes de la république, s'étaient liées par un pacte fédératif pour marcher sur Paris. Les bataillons de Marseille étaient déjà dans Avignon. Bonaparte se trouvait dans cette ville, il était chargé de surveiller les transports militaires de l'armée d'Italie. Craignant que le besoin de munitions ne forçât les Marseillais à s'en emparer, il se présenta devant le comité central, et exposa à ses membres, qu'il leur convenait de ne pas rompre avec l'armée d'Italie, qui jusqu'alors n'avait fait aucun acte d'hostilité contre les Marseillais, et qui même semblait en partager les principes, et il obtint du comité qu'aucune entrave ne serait mise aux transports militaires.

Les fédéralistes, à l'approche du général Cartaux, commandant l'armée conventionnelle ayant évacué la ville, Napoléon se rendit auprès de ce général. Les départements du Gard et de l'Hérault ayant accepté le code informe de 1793, cette coupable défection due au machiavélisme des autorités, livra au général Cartaux la place du Pont-Saint-Esprit. Bonaparte fut chargé de commander la colonne qui s'empara de cette ville et qui descendant la rive droite du Rhône, vint occuper les hauteurs de Villeneuve qui commandent Avignon où les Marseillais s'étaient introduits une seconde fois. Dans l'attaque du 26 juillet, il dirigea contre cette ville les batteries qu'il avait placées sur le rocher qui domine le nouveau pont.

Bonaparte ayant été attaché à l'armée de Cartaux dans le grade de chef de bataillon d'artillerie, contribua puissamment à la
reprise

reprise de Toulon, en conseillant et diri-
geant l'attaque du Petit Gibraltar, fort
élevé sur l'extrémité de la rade, et qui la
domine entièrement.

Après la prise de cette ville, il fut nommé
général de brigade dans son arme et chargé
de l'inspection et de l'armement des côtes
de Provence. Protégé particulièrement par
Barras, il échappa aux dénonciations de
la société populaire de Marseille qui l'avait
accusé d'avoir voulu relever les fortifica-
tions du fort Saint-Jean.

Robespierre le jeune, s'était enthou-
siasmé du jeune général ; il lui proposa
de l'accompagner à Paris. Heureusement
pour la France que Napoléon préféra rester à l'armée, la journée du 9 thermidor
aurait eu peut-être un autre résultat.

Les événements de cette journée ayant
porté le représentant Aubry au comité de
salut public, bureau de la guerre, Bonaparte ne fut point compris dans l'arme de
l'artillerie, dans le nouveau tableau de
l'armée, il passa dans la ligne avec le même
grade. Napoléon fut si mécontent de cette
mutation, qu'il en conserva toujours du
ressentiment contre Aubry, et lorsque
après le 18 brumaire les déportés de fructidor furent rappelés de l'exil, Aubry fut
oublié.

Napoléon était attaché au comité topographique, lorsque les sections de Paris, après avoir accepté la constitution de l'an III , refusèrent leur adhésion aux lois additionnelles qui obligeaient les Français à réélire les deux tiers des conventionnels à la nouvelle législature. La convention ouvrit les prisons aux hommes de 93 et les arma. Le général Menou chargé de réduire les sectionnaires ayant donné sa démission , Barras fut nommé général en chef. Bonaparte lui offrit ses services , il fut accepté. Les bataillons des sections ayant marché contre la convention , furent repoussés par la mitraille des batteries que Bonaparte avait disposé. Le sang des Parisiens coula en abondance dans cette déplorable journée.

Par suite de ce désastreux événement , la convention nomma , par acclamation, Bonaparte général en chef de l'armée de l'intérieur , et le chargea de la réorganisation de la garde nationale de Paris. Elle fut entièrement désarmée. Ce fut lui qui forma la garde du directoire et du corps législatif; ce fut cette même garde qui, au 18 frutidor et au 18 brumaire , refusa de défendre le dépôt qui lui était confié.

Vers le commencement de 1796, il

épousa Joséphine de la Pagerie, veuve du vicomte de Beauharnais. Ce fut peu de temps après avoir contracté cette union qu'il fut nommé au commandement de l'armée d'Italie.

Il trouva cette armée dans un dénuement complet, sans chevaux, sans habits et sans vivres. Mais c'était la réunion de quatre armées victorieuses; les deux armées d'Espagne, des Pyrénées orientales et des Pyrénées occidentales, celle du midi de la Vendée, et l'armée d'Italie qui venait de remporter sous les ordres de Scherer, la victoire de Loano : on comptait parmi leurs chefs, les généraux Massena, Augereau, Joubert, Serrurier, Victor, Laharpe, etc.

Le 11 avril, Napoléon ouvrit la campagne par la bataille de Montenotte qu'il gagna sur les Piémontais; le 14 il battit les Autrichiens à Millesimo et une troisième victoire qu'il remporta le 22 à Mondovi, le rendit maître de cette ville qui renfermait tous les magasins de l'ennemi.

Le résultat de ces trois brillantes affaires, fut un armistice avec la cour de Sardaigne, avec laquelle il fut stipulé que le roi abandonnerait la coalition, livrerait à l'armée française plusieurs places fortes; que les troupes de ligne sardes seraient disséminées dans les garnisons, les milices licenciées et qu'un plénipotentiaire serait envoyé à Paris pour traiter de la paix définitive.

Après cet armistice, Bonaparte se porta sur le Pô et trompa par une manœuvre habile le général Beaulieu qui s'était retranché à Valencia. Il marcha sur Plaisance, s'empara du bac de cette ville; l'avant-garde franchit le fleuve, un pont fut construit, et l'armée effectua dans deux jours, et sans opposition le passage du Pô.

La division autrichienne Lipaty, s'étant avancée à Fombio, fut aussitôt attaquée et culbutée. Le général Laharpe dans un engagement de nuit fut tué par ses propres soldats. Il commandait l'avant-garde, le major-général Berthier le remplaça.

Les états du duc de Parme envahis, ce prince n'attendit pas le moment de sa chute pour la prévenir. Par la médiation de l'ambassadeur d'Espagne, il acheta un armistice moyennant de grandes provisions de bouche, quinze cents chevaux, vingt des plus beaux tableaux de sa galerie et deux millions de contributions militaires.

Le 10 mai, le général français marcha sur Lodi, occupé par plusieurs régimens de grenadiers autrichiens, qui furent repoussés derrière l'Adda où le général Beaulieu avait réuni une vingtaine de mille hommes. La division Beaumont ayant traversé à gué l'Adda, pour prendre en flanc l'armée autrichienne, Bonaparte se disposa à enlever le pont de vive force au moment où cette division serait engagée. Cela fut vigoureusement exécuté. Le pont fut traversé à pas de course sous un feu des plus meurtriers et la victoire appartint aux Français. Elle fut décisive : Pizzighitone, Milan, et presque toute la Lombardie en furent le prix.

Le vainqueur entra à Milan le 15 mai ; il imposa une contribution sur le Mont-de-Piété et sur l'argenterie des églises, donna dix à douze jours de repos à son armée et s'occupa d'organiser le pays de manière à assurer la domination française.

L'indiscipline des troupes, la cupidité de plusieurs généraux, les sacrifices de tout genre que l'on exigeait des peuples excitèrent une insurrection dans les environs de Pavie, qui se fit même ressentir à Milan, où elle fut bientôt appaisée. Celle de Pavie prenant un caractère alarmant, Napoléon y accourut. Binasco fut pris, saccagé et brûlé ; Pavie pillé, et sa municipalité fusillée ; des milliers de paysans furent sabrés par la cavalerie. Ces mesures terribles refroidirent l'enthousiasme des Italiens et l'appareil des supplices ternit la gloire du chef de l'armée française.

Sa conduite envers le duc de Modène, mérite de justes reproches. Ce prince acheta la paix par le don de vingt tableaux des plus grands maîtres et par une contribution de huit millions. Mais à peine cette contribution est entrée dans la caisse de l'armée, que ces états sont envahis et lui-même forcé de chercher un refuge à Venise.

Venise même, quoique république, eut à se repentir d'avoir refusé son adhésion à la coalition. Le directoire lui fit un crime d'avoir donné asile à Louis XVIII. Le sénat crut conjurer l'orage par un acte de faiblesse. Il signifia au roi de France de sortir dans le plus court délai du territoire de la république. La réponse du monarque fut celle d'un prince français. « Je partirai, dit-il, mais à deux conditions, l'une que je rayerai de mes mains le nom de mes ancêtres dans le livre d'or ; l'autre qu'on me rendra l'armure dont Henri IV, mon ayeul, a fait présent à la république. »

Brescia fut occupé le 28 mai par les troupes françaises. Le général Beaulieu s'étant établi derrière le Mincio, il fut attaqué et repoussé par les divisions Auge-

reau et Serrurier qui passèrent cette rivière à Volegio, où Bonaparte établit son
quartier-général. Ce fut dans cette ville
qu'ayant été sur le point d'être enlevé par
la cavalerie légère des Autrichiens et obligé
de se sauver, il se forma une garde particulière chargée de veiller spécialement à
sa sûreté, sous le nom de *guides*.

Un armistice ayant été conclu le 3 juin
avec le roi de Naples, les troupes napoli-
taines quittèrent l'armée autrichienne.

Le général Mélas ayant remplacé le général Beaulieu, réunit à Trente les débris
de son armée, en attendant l'arrivée du
général Wurmser, qui arrivait des bords
du Rhin avec un renfort de trente mille
hommes.

Bonaparte ayant calculé que ce renfort
ne pourrait être en ligne que dans plus
d'un mois, profita de ce temps pour en-
treprendre de nouvelles expéditions dans le
cœur de l'Italie. Il revint à Milan et fit
ouvrir la tranchée devant la citadelle ; il
détacha le général Lannes contre les fiefs
impériaux dont les peuples sous le nom de
barbets égorgeaient tous les détachements
isolés ; il soumit Gênes à l'influence de la
France ; il excita des révoltes à Bologne
et à Ferrare, contre l'autorité du pape,
et força ce souverain à signer, le 23 juin,

un armistice dans lequel il s'obligeait à payer vingt-un millions de contributions, à remettre cinq cents manuscrits et cent objets d'art au choix des commissaires français, et les légations de Bologne, Ancône et Ferrare devaient rester au pouvoir de l'armée française.

Ayant traversé les Appennins, Napoléon dirigea Murat sur Livourne, pour détruire la factorerie anglaise et s'emparer de cent bâtiments de cette nation richement chargés et qui, avertis, eurent encore le temps de mettre à la voile. De Livourne il envoya une expédition en Corse ; réunie aux habitants, elle chassa les Anglais de cette île.

La citadelle de Milan ayant capitulé, il entreprit le siége de Mantoue qui fut bloqué par la division Serrurier.

La Romagne fut le théâtre de plusieurs séditions contre les Français, qui par représailles saccagèrent la ville de Lugo, et massacrèrent une grande partie de ses habitants. Le sac de cette ville fut suivi d'une proclamation militaire qui consterna toute l'Italie, et dans laquelle on remarquait ce passage digne des proconsuls conventionnels : « que toute ville ou village où l'on trouverait un républicain assassiné devait être réduite en cendres. » L'Italien est vindicatif, les assassinats continuèrent dans l'ombre et n'en furent pas moins terribles.

Le général Wurmser étant arrivé à Trente avec les secours qu'il amenait du Rhin, prit le commandement de l'armée et la dirigea sur Mantoue pour débloquer cette place. Il fit la faute de diviser son armée en trois corps, croyant cerner l'armée française. Bonaparte ayant ordonné au général Serrurier d'abandonner le blocus de Mantoue, concentra toutes ses divisions, attaqua et battit Wurmser en détail, le 3 août à Lonato et le 4 Castiglione. Ce dernier éprouva de grandes pertes, des colonnes entières se rendirent aux Français.

Le général autrichien ayant été forcé de reprendre sa position de Trente, attendit un nouveau renfort de vingt mille hommes qui lui permit de reprendre encore l'offensive. La bataille de Roveredo, où les Français furent encore victorieux, lui coupa la retraite du Tyrol. L'armée française entra le 5 septembre à Trente. Wurmser ayant été encore battu le 8 septembre à Bassano, se détermina à se retirer sous Mantoue. Dans sa marche il surprit plusieurs corps français qu'il repoussa. Bonaparte, dans l'intention de lui couper la retraite, arriva à Cerea, au moment

où les Autrichiens venaient de mettre en
déroute son avant-garde ; il n'eut que le
temps de tourner bride. Wurmser croyant
l'avoir en sa puissance, avait recommandé
qu'on le lui amenât vivant.

Ayant effectué leur jonction avec la garnison de Mantoue, les Autrichiens tentèrent la fortune ; mais elle ne leur fut pas
favorable, battus à Saint-Georges, ils ren-
trèrent dans la place.

Les revers de Beaulieu et de Wurmser
ne découragèrent pas le conseil aulique ;
une nouvelle armée fut placée sous les
ordres du maréchal Alvinzy. Il marcha
pour sauver Mantoue, il repoussa la division Vaubois et resta maître du champ-de-
bataille, le 12 novembre, à Caldiera. Alors
Bonaparte quitte Vérone, repasse l'Adige
et vient choisir un nouveau champ-de-
bataille sur des chaussées au village de
Roneo. Il attaque Arcole que défendaient
les Croates, qui résistent à plusieurs assauts.
Pour tenter un dernier effort, il saisit un
drapeau, s'élance sur le pont et l'y place ;
la colonne était déjà au milieu du pont,
lorsqu'un feu de flanc fait manquer l'attaque. Napoléon est précipité dans un marais.
Les grenadiers reviennent à la charge,
chassent les Autrichiens et délivrent leur
général.

Alvinzy s'étant retiré vers la Brenta, recruta son armée et, vers le mois de janvier, il entra en campagne. Bonaparte ayant reçu des renforts, l'attendit. Le 14 janvier, il gagna sur les Autrichiens la bataille de Rivoli ; le 16, il battit dans un combat opiniâtre le général Provera sous les murs de Mantoue. C'est dans cette journée que la 55.me de ligne acquit le nom de terrible. Les débris de l'armée ennemie se retirèrent derrière la Piave.

L'armistice avec le Saint-Siége ayant été rompu, plusieurs colonnes françaises et italiennes envahirent le territoire romain. C'était la querelle du loup et de l'agneau. Les troupes pontificales ayant été battues au passage de Senio, le trésor de Notre-Dame de Lorette fut pillé, Ancône pris, et la Cour de Rome alarmée à l'approche des divisions françaises, consentit à signer le traité de Tolentino, qui démembrait de ses états les légations de Bologne, Ferrare et de la Romagne, où il cédait à la France les comtats d'Avignon et Vénaissin, et dans lequel il était frappé d'une contribution de trente-un millions. Il devait également livrer les objets d'art dont l'armistice fesait mention, ainsi que seize cents chevaux tous harnachés.

L'archiduc Charles, fier de la gloire qu'il

venait d'acquérir en chassant les Français de l'Allemagne, vint commander l'armée autrichienne et y amenait l'élite de ses troupes du Rhin. Les divisions Bernadotte et Delmas, furent détachées des armées du Rhin et de Sambre-et-Meuse pour renforcer celle d'Italie.

Le 16 mars, le Tagliamento séparait les deux armées. Napoléon passa cette rivière en présence de l'ennemi. La bataille de Tagliamento se donna ; il la gagna. Le prince Charles se retira sur la Drave, il y fut poursuivi. Les Français passèrent cette rivière sur le pont de Villach qu'il n'eut pas le temps de brûler. Ils se trouvèrent en Allemagne. Joubert pénétra dans le Tyrol et battit le général Kerpen à Saint-Michel ; plusieurs affaires toujours en faveur de l'armée française eurent lieu à Numark et dans les gorges d'Anzmarck. Bonaparte avait son quartier-général le 7 avril à Leoben. C'est dans cette ville qu'il convint avec l'archiduc Charles d'un armistice qui précéda les préliminaires de paix qui furent signés le 18. Dans cette même journée les généraux Hoche et Moreau, après avoir passé le Rhin, remportèrent des avantages ; à la nouvelle des préliminaires les hostilités cessèrent.

Le sénat de Vénise comprit trop tard que

que son intérêt lui commandait de s'allier avec l'Autriche. Le 17 avril, il fit sonner le tocsin dans ses états de Terre-Ferme, ordonna une levée en masse, et plusieurs Français furent les victimes de ces soulèvements populaires. Napoléon détacha le général Baraguay-d'Hilliers qui marcha sur Venise avec sa division. Le sénat n'ayant pu se faire comprendre par l'Autriche, dans l'armistice, abandonna lâchement les rênes du gouvernement pour les céder à une municipalité provisoire qui détruisit l'ancienne aristocratie pour lui substituer la constitution des douze cents, dont la durée fut courte; cette république, la plus ancienne de toutes, étant devenue une province autrichienne par le traité de Campo-Formio.

L'ordre et la liberté fleurissaient en France, sous leurs favorables auspices les élections avaient eu lieu, et leur bon choix promettait au peuple français des jours de calme et de bonheur; mais l'ordre et la liberté ne favorisent point les vues de ceux qui trament l'asservissement de leur patrie, et à la fatale journée du 18 fructidor, le vainqueur de l'Italie, le pacificateur de Leoben, ne fut plus que l'homme du 13 vendémiaire.

A la revue du 14 juillet, il adressa à

son armée un ordre du jour dirigé contre le corps législatif. Ce fut l'étincelle qui alluma l'incendie : chaque division, chaque brigade, chaque corps rédigea son adresse, *écrite par la calomnie, colportée par la malveillance et signée pour la plupart par un patriotisme impétueux et égaré* (1). Le général Augereau fut appelé à Paris et nommé au commandement des troupes de la capitale; Napoléon fit marcher deux de ces divisions, l'une sur Marseille et l'autre prête à se porter sur Lyon, si le directoire ne réussissait pas dans ses coupables projets; mais le crime triompha : deux directeurs, soixante députés et cent cinquante citoyens les plus recommandables par leurs lumières furent déportés; des milliers de pères de familles, tranquilles sous la protection des lois, furent obligés sous peine de mort d'abandonner leur patrie; les élections de plus de la moitié de la France furent annulées, et la liberté reçut un coup mortel, dont elle ne s'est jamais bien relevée.

Bonaparte ayant signé le traité de Campo-Formio, s'occupa d'organiser la république cisalpine; il se rendit ensuite au congrès

(1) Rapport de Tronçon-Ducoudray, au conseil des Anciens.

de Rastadt , pour la remise de Mayence aux troupes françaises en échange de Venise, et de là à Paris. Les premières autorités lui donnèrent des fêtes splendides où il jouit de toute sa renommée.

Néanmoins la popularité qui l'environnait alarma le Directoire. Il résolut d'éloigner Napoléon , et adopta un projet que ce général avait conçu, la conquête de l'Egypte. Pour donner le change aux Anglais , on feignit de faire une descente sur leurs côtes. On le nomma général de l'armée d'Angleterre , tandis qu'il était destiné à commander l'expédition d'Egypte.

Quarante mille hommes d'excellentes troupes montent sur quatre cents bâtiments de transports ; ils sont protégés par treize vaisseaux de ligne et quatorze frégates, et commandés par Berthier, Caffarelli , Kléber , Désaix , Regnier , Lannes , Murat, Rampon , Andréossy, Belliard , Menou et Zayonscheck. Cent membres de la commission des arts et des sciences sont adjoints à cette expédition.

Le 11 juin, Malte surpris, capitule et reçoit garnison française.

L'armée arrive devant Alexandrie à la fin de juin , et le premier juillet elle entre dans cette ville après un combat opiniâtre. Elle se mit en marche le 7 juillet pour l'intérieur de l'Egypte. L'extrême chaleur et le manque d'eau portèrent quelques hommes au désespoir, mais la gaieté française triompha de ce nouvel ennemi.

Le 10 juillet eut lieu le combat de Ramunich; le 13, celui de Chebrehis, et le 21, la bataille des Pyramides. Tous furent à l'avantage des Français, et l'impétueuse bravoure des Mameloucks céda la victoire au courage brillant et à la discipline des soldats français. C'est au commencement de la bataille des Pyramides, que Napoléon adressa à son armée une proclamation qui commençait par ces mots : « Soldats, du haut de ces pyramides, quarante siècles vous contemplent !.... »

Napoléon fit son entrée au Caire, le 28 juillet. Le désastre de la flotte française à la bataille navale d'Aboukir fit sentir au général français la nécessité d'organiser l'administration de l'Egypte. Il trouva dans les chrétiens cophtes, des auxiliaires, qui occupèrent les places civiles et financières.

Le 10 octobre, la nombreuse population du Caire, soutenue par des milliers d'Arabes se souleva ; elle était excitée par les émissaires des Beys, des Anglais et du Grand-Seigneur. Le général Dupuy commandant de cette ville fut massacré, et ce ne fut qu'après un combat sanglant que

Napoléon étouffa cette sédition. La sévérité avec laquelle il la punit, fut grande.

Dans le voyage qu'il fit à Suez, pour visiter les vestiges du canal de Sesostris, il fut sur le point, avec son escorte, d'être englouti par la mer Rouge, comme Pharaon, étant surpris par la marée montante.

Djezzar, pacha de Syrie s'étant emparé du fort d'El-Arisch, s'avançait avec une armée formidable, tandis qu'une autre armée se rassemblait à Rhodes pour venir débarquer aux bouches du Nil. Le général français pour détourner les ennemis de porter la guerre en Egypte, s'avança lui-même en Syrie avec une partie de son armée. Il reprit le 19 avril 1793, El-Arisch. Après soixante jours de marche des plus pénibles dans le désert, il pénétra en Syrie, et prit sur les Turcs les villes de Gaza et de Jaffa. Jaffa après s'être défendue avec opiniâtreté, capitule, quatre mille hommes de la garnison se rendirent prisonniers. Sous le barbare prétexte qu'on ne pouvait veiller sur un si grand nombre de prisonniers, ni les nourrir, Napoléon les fit inhumainement massacrer sur les bords de la mer.

Maître de Jaffa les Français se dirigent sur Saint-Jean-d'Acre, et donnent plusieurs assauts infructeux à cette place. Une armée turque s'avance pour la secou-

3,

rir , Bonaparte marche à sa rencontre , et gagne sur elle la bataille de Mont-Thabor. Il continua le siége et donna encore plusieurs assauts qui , par les secours nombreux que la ville recevait journellement, ne servirent qu'à faire éprouver à l'armée française des pertes que dans sa position , éloignée de l'Égypte et de la France , elle ne pouvait réparer. L'on comptait plus de douze cents blessés ; pour comble de maux , la peste était à l'ambulance. Désespérant de réduire la place, Bonaparte fait lever le siége le 20 mai et ordonne la retraite , pendant laquelle Djezzar Pacha , dont toute la maison militaire était détruite , n'inquiéta pas l'armée.

C'est à cette époque qu'eut lieu l'empoisonnement des pestiférés de l'hôpital de Jaffa , crime qu'on a voulu nier envain , et qui n'est que trop prouvé. On a prétendu que la nécessité d'abréger les souffrances de ces malheureux et de les soustraire à la barbarie des Turcs , devait excuser cette atroce mesure. Il faut tout l'aveuglement de l'esprit de parti pour justifier un acte aussi cruel qu'inutile , puisqu'en abandonnant les malades à l'ennemi, ils ne pouvaient pas s'attendre à un traitement plus rigoureux que celui qu'on leur infligeait , c'est-à-dire la mort , et qu'ainsi le salut de l'armée n'était nullement compromis.

La tranquillité avait régné en Egypte pendant la campagne de Syrie ; quelques soulèvements de peu d'importance avaient été comprimés aussitôt. Bonaparte fit son entrée solennelle au Caire le 14 juin, à la tête de son armée.

L'armée turque qui s'était rassemblée à Rhodes sous les ordres de Mustapha Pacha, parut devant Aboukir. Le 12 juillet le débarquement s'opéra, il fut protégé par la flotte anglaise, les redoutes furent prises d'assaut, et le fort capitula. Napoléon apprit cet événement le 14. Il réunit toutes ses troupes et se présenta devant l'ennemi le 24 à la tête de vingt-cinq mille hommes. Le 25 il gagna la bataille d'Aboukir ; l'armée turque fut précipitée dans la mer et presque entièrement détruite.

Instruit des désastres de nos armées par les papiers publics que lui envoya Sidney Smith, pendant des négociations relatives à l'échange des prisonniers, Bonaparte se détermina à passer en France. Il ordonna au contre-amiral Gantheaume d'armer avec mystère et célérité les deux frégates la Muiron et la Carrère. Il investit le général Kléber du commandement de l'armée. Il mit à la voile le 23 août, emmenant avec lui les généraux Berthier,

Murat, Lannes, Ardréossy et Marmont. Au moment de s'embarquer, il dit au général Menou : « Si je mets le pied en France, le règne du bavardage est fini. »

La traversée fut longue. La petite escadre, composée des frégates la Muiron et la Carrère, et des chebeks, la Revanche et la Fortune, ayant été repoussée des côtes de France par un coup de vent, Bonaparte ordonna de relâcher à Ajaccio. L'enthousiasme que son arrivée fit éprouver aux habitants de cette ville leur fit surmonter les difficultés que les lois sanitaires opposaient à son débarquement. Il y séjourna neuf jours. Dès que le vent fut favorable, il remit à la voile et arriva à Fréjus. Les préposés à la santé ayant déclaré qu'il n'y avait pas lieu à quarantaine, parce que la pratique avait eu lieu à Ajaccio, il débarqua le neuf octobre 1799, et accompagné du général Berthier, il partit de suite pour Paris.

La terreur qu'inspiraient les hommes qui voulaient précipiter la France dans l'abyme de l'anarchie, et l'espoir qu'avaient les Français que Napoléon les affranchirait du joug des jacobins, excita sur toute la route et dans les principales villes, les transports de la joie la plus vive. Le peuple se montrait par avance reconnaissant de la liberté et du repos dont il allait jouir, et tous, excepté les jacobins, ne voyaient en lui qu'un libérateur.

Il arriva dans la capitale le 16 octobre; cette nouvelle annoncée sur tous les théâtres, produisit une sensation extrême, une ivresse générale; il se rendit de suite au Directoire : reconnu par les soldats de la garde, il en fut salué par des acclamations. Il fut bien reçu des Directeurs.

La France était alors en proie aux divisions intestines. Nos armées désorganisées, minées par la désertion, l'indiscipline et le peu de confiance qu'elles avaient dans un gouvernement cruel et avili, semblaient craindre ou dédaigner de vaincre. La société du Manège, digne émule de celle des jacobins, était sur le point d'envahir la toute-puissance; contre elle luttaient péniblement quelques hommes plus modérés, mais qui ayant au 18 fructidor attenté à la constitution, ne pouvaient plus leur opposer cette Charte qu'ils avaient eux-mêmes violée. Les royalistes, réunis et armés dans la Normandie, la Bretagne, le Poitou et dans le midi de la France paralysaient les vains efforts du gouvernement. Dans cet état de choses, tous les partis voulaient un changement, et tous auraient voulu le faire avec Napo-

léon, qui les flatta et les trompa tous.
D'accord avec le directeur Sièyes, qui
avait la confiance du conseil des Anciens,
ils convinrent d'opérer une révolution et
en fixèrent le jour au 18 brumaire.

Dèslors Bonaparte arrêta ses plans pour
s'emparer exclusivement du pouvoir ; il
mit une telle adresse, affecta un tel désin-
téressement, que jusqu'au dernier moment, ceux qui le connaissant bien,
concevaient les plus vives alarmes sur le
sort de la liberté confiée en de telles mains,
ne purent malgré leur juste méfiance, sus-
pecter un moment ses intentions. Dans
les fréquentes réunions qui avaient lieu
chez Lucien Bonaparte et au château de
la Malmaison, il répétait si souvent qu'il
ne voulait être que l'instrument du salut
de la république, qu'il n'ambitionnait que
la gloire de rendre la liberté à sa patrie,
qu'il était presque impossible de ne pas
croire à la sincérité de ses protestations,
et de le considérer comme un nouveau
Timoléon.

La plupart des généraux qui se trouvaient à Paris, lui offrirent leurs services.
Moreau même partagea le prestige général.

Le 18 brumaire (9 novembre 1799) le
conseil des Anciens, assemblé extraordi-

nairement prit la résolution , d'après un
article de la constitution qu'on allait dissoudre , de tranférer le corps législatif à
Saint-Cloud , chargea Bonaparte de cette
translation et l'investit du commandement
en chef de la garde de ce corps et des
troupes de la 17ᵐᵉ division militaire dont
Paris était le chef-lieu.

A peine ces décrets étaient-ils rendus ,
que Napoléon accompagné d'un grand
nombre de généraux entra dans la salle
des Anciens, y protesta de son attachement à la liberté, à la république , au
gouvernement représentatif , et déclara
qu'aidé de ses compagnons d'armes, son
bras ferait exécuter les décrets que le
conseil dans sa sagesse venait de rendre.
De-là , il fut passer en revue les corps qui
se trouvaient réunis aux Tuileries. Il
donna le commandement des troupes char-
gées de la garde du corps législatif au
général Lannes, et au général Murat
celui de la garnison de Saint-Cloud.
Ayant envoyé un de ses aides-de-camp
à la garde du Directoire pour lui com-
muniquer le décret , et lui prescrire
de ne recevoir d'ordre que de lui, cette
garde monta à cheval pour aller rejoindre
les autres troupes, et abandonna ainsi
Barras et ses deux collègues. Sièyes et

Roger-Ducos s'étaient rendus aux Tuileries dès le matin.

Abandonnés par leurs gardes, les Directeurs Gohier et Moulins furent retenus prisonniers au Luxembourg; Barras eut la faiblesse de donner sa démission; Bonaparte en la recevant, entouré d'un nombreux état-major, dit alors ces paroles dont l'application serait devenue si juste contre lui-même après la retraite de Moscou et les batailles de Leipsick et de Waterloo : « Qu'a fait le » Directoire de cette France si brillante ?... » Les cent mille hommes que j'ai laissés » couverts de lauriers, que sont-ils deve- » nus ? ils sont morts ! »

Le Directoire dissous, Bonaparte se trouva chargé du pouvoir exécutif. Les ministres s'étant rendus aux Tuileries, reconnurent la nouvelle autorité. Un conseil fut tenu le soir par Napoléon, Sièyes, Roger-Ducos et les principaux conjurés ; l'on y convint de l'ajournement des conseils à trois mois et de l'établissement de trois Consuls provisoires.

Le lendemain 10 novembre, le corps legislatif se réunit à Saint-Cloud, des corps nombreux de troupes occupèrent le village et les alentours. Le premier acte du conseil des Cinq-Cents, après avoir refusé d'entendre Emile Gaulin qui vou-

lait

lait préparer les esprits à la nouvelle révolution, fut de renouveler le serment à la constitution de l'an III. Lucien, Boulay et tous les partisans de Napoléon désespérèrent de sa cause. Aucun n'osa refuser le serment, Lucien même y fut contraint. Il fut unanimement prêté.

Bonaparte instruit de l'énergique détermination du conseil des Cinq-Cents qui contrariait si fortement ses projets, se rendit au conseil des Anciens, et dans un discours dans lequel on put remarquer que déjà son audace et ses espérances franchissaient les degrés du trône, il protesta qu'il ne voulait que le salut de la république, et prit à témoin de la garantie de sa promesse les grenadiers qui étaient à la porte. Ceux-ci, dans leur enthousiasme, agitèrent en l'air leurs armes et leurs bonnets. Alors un membre, d'une voix forte, interpella Napoléon de jurer obéissance à la constitution de l'an III. Mais celui-ci fort de l'appui de ses grenadiers, répondit avec véhémence : « La constitution ! vous l'avez violée au » 18 fructidor, quand le gouvernement » a attenté à l'indépendance du corps lé- » gislatif; au 22 floréal, quand le corps » législatif a attenté à l'indépendance du » gouvernement; au 30 prairial, en cas-

4

» sant les élections faites par le peuple
» souverain : la constitution violée, il
» faut un nouveau pacte, de nouvelles
» garanties, basées sur la liberté, l'éga-
» lité et le gouvernement représentatif. »
Il termina son discours par ces mots : » *Je*
» *vous déclare qu'aussitôt que les dangers*
» *qui m'ont fait confier des pouvoirs ex-*
» *traordinaires seront passés, j'abdique-*
» *rai ces pouvoirs.* »

Cependant quelques députés n'étant
point satisfaits de ses promesses, il protesta de nouveau qu'il n'offrait son bras
que pour faire exécuter les résolutions du
corps législatif, et ajouta : « Si quelque
» orateur payé par l'étranger parlait de
» me mettre *hors la loi*, j'en appelle
» à vous, mes braves compagnons d'armes,
» que j'ai tant de fois conduits à la vic-
» toire, avec lesquels j'ai partagé tant de
» périls pour affermir la liberté et l'éga-
» lité ; je m'en remettrai, mes vrais amis,
» à votre courage et à ma fortune. »

Ces paroles ayant produit sur les militaires l'effet qu'il en attendait, il se rendit au conseil des Cinq-Cents.

Il trouva cette assemblée dans un état
d'exaltation que sa présence ne fit qu'ac-
croître davantage, surtout lorsqu'on le vit
paraître entouré de grenadiers. A l'instant

et par un mouvement spontané, toute l'assemblée se lève, l'indignation la plus vive se manifeste et un grand nombre de députés s'écrient avec fureur : « Des sabres » ici, des hommes armés ! à bas le dicta-» teur ! hors la loi, le nouveau Cromwell ! » mort au tyran ! »

A ce tumulte affreux, le général Lefèvre entre à la tête d'un corps de grenadiers ; ces soldats déjà disposés à le seconder par les discours de Bonaparte, écartent les députés, forment un cercle autour de lui et le conduisent hors de la salle, au milieu des imprécations qui s'élèvent de toutes parts.

Napoléon, troublé, soit par le terrible mot *hors la loi*, soit par les dangers qu'il venait de courir, monta à cheval, et se dirigea sur Paris ; éperdu, il fit entendre ces paroles ridicules : *Je suis le Dieu de la guerre*. Par sa fuite, la victoire restait au conseil des Cinq-Cents ; mais Murat, dont l'ame était plus fortement trempée, l'arrête, le ranime, lui montre ses troupes toutes dévouées à sa cause, et Bonaparte revenu de son effroi, ordonna à un piquet de grenadiers d'aller délivrer son frère Lucien, qui, Président du conseil des Cinq-Cents, était en ce moment aux prises avec les membres qui voulaient faire dé-créter sa mise *hors la loi*.

A peine Lucien est-il hors de la salle, que Bonaparte ordonne aux généraux Murat et Leclerc de la faire évacuer. Les soldats entrent en colonnes serrées, en battant la charge et bayonnette en avant. Les députés se sauvent par toutes les issues, par les portes, par les fenêtres ; on les voyait fuir à travers le parc et le bois de Saint-Cloud , jetant çà et là, afin de n'être pas reconnus , les signes d'une dignité avilie. Les membres les plus prononcés s'enfuirent jusqu'à Paris ; ceux qui voyaient avec plaisir le nouvel ordre de choses , se rendirent au conseil des Anciens.

Ainsi finit la dernière législature de la république, par les bayonnettes dirigées par Napoléon. L'assemblée constituante s'était réunie au Jeu de paume pour y protester contre ce qu'elle appelait le despotisme royal ; et les fougueux démocrates de la république , n'opposèrent à la violation à main armée, de la constitution et de la représentation nationale, ni résistance, ni protestation.

A la nouvelle de ces événements qui lui fut apportée par Lucien Bonaparte , le conseil des Anciens décréta des remercîments à Napoléon et aux troupes, ajourna les deux Conseils au 19 février, créa deux commissions de vingt-cinq membres pour les remplacer provisoirement et nomma une commission consulaire composée de trois membres, Bonaparte, Sièyes et Roger-Ducos. Ces trois Consuls remplacèrent le Directoire, et la constitution de l'an III n'exista plus.

Les trois Consuls prêtèrent devant les débris des conseils, le serment de fidélité inviolable à la souveraineté du peuple, à la république française, une et indivisible, à l'égalité, à la liberté et au système représentatif.

La nation applaudit à cette révolution : les royalistes, par la terreur que leur inspiraient les hommes dont l'unique but était le triomphe de l'anarchie, et dans leur espoir, que Bonaparte ne serait pas insensible à la gloire de Monk ; les républicains modérés, par les gages que leur avait donnés Napoléon, par ses sermens récens et par sa vieille réputation d'enthousiaste de la liberté. Les jacobins seuls ne virent en lui qu'un tyran, qu'un ennemi mortel des idées libérales. Se sont-ils trompés ?

Les Consuls s'installèrent au Luxembourg, la présidence fut déférée à Bonaparte. Dès la première séance, ses deux collègues reconnurent qu'il voulait s'em-

parer du pouvoir, ils le lui abandonnèrent ; et Sièyes, qui s'était flatté qu'il ne
se mêlerait que des affaires militaires pour
lui laisser la conduite des affaires civiles,
ne put s'empêcher en sortant de cette
séance de dire à ses amis : *Nous avons
un maître.*

Le nouveau gouvernement s'occupa de
rétablir la discipline dans les armées, de
réorganiser les administrations et de rétablir le crédit. La loi des ôtages fut rap-
portée ainsi que les lois intolérantes contre
les prêtres.

Les deux conseils se réunissant de droit
le 19 février, le seul moyen de prévenir
cette réunion était de promulguer une
nouvelle constitution. Elle fut publiée le
13 décembre 1799.

On composa un gouvernement de trois
Consuls dont l'un, Napoléon, était le chef
du gouvernement sous le titre de premier
Consul, et les deux autres, le second Consul, Cambacérès, et le troisième Consul,
Lebrun, étaient ses conseillers nécessaires.
On y ajouta un sénat conservateur, et
une représentation nationale consistant en
un corps législatif de deux cent cinquante
députés ne discutant pas, et un tribunat
discutant et dénonçant au sénat les actes
inconstitutionnels du gouvernement.

Ainsi, sans blesser l'esprit républicain dans la forme, Bonaparte concentra dans ses mains l'unité de la direction, qui seule pouvait lui faciliter les moyens de s'emparer de la toute-puissance et de monter sur le trône de l'usurpation par l'anéantissement de toutes nos libertés.

Avant de porter la guerre à l'extérieur, le gouvernement se hâta de soumettre et de pacifier les départements insurgés. L'armée de Hollande qui venait de battre les Russes et les Anglais sous les ordres de Brune, marcha contre les départements de l'Ouest. La plupart des chefs, depuis la révolution du 18 brumaire, voyant la désertion se mettre dans leurs rangs, se soumirent; Georges Cadoudal commandant le Morbihan résista, mais abandonné par les autres généraux, il fit sa paix. La pacification de l'Ouest et de la Vendée, fut souillée par le meurtre du malheureux Frotté, chef d'un corps royaliste de la Normandie. Ce chef, s'étant rendu sous un sauf-conduit, fut arbitrairement fusillé.

Dans la réorganisation des autorités administratives, on remplaça le directoire des départements par des préfets, et la municipalité par des maires et adjoints; la principale autorité était entre les mains des premiers magistrats. Par ce moyen, le même système d'unité, s'étendit sur tous les points de la France. Les tribunaux furent renouvelés, et partout, les principales places furent données à des hommes modérés qui avaient la confiance du peuple.

Des généraux avec des pouvoirs extraordinaires furent envoyés dans les départements où se trouvaient encore armés des partisans royalistes, et soit par la force de l'opinion, favorable alors au gouvernement, soit par la terreur qu'imprimaient les commissions militaires, tout fut bientôt soumis.

La résidence du Luxembourg ne convenait point à l'ambition du premier Consul. Le 19 février, jour où devaient se réunir les deux conseils, il vint en grande pompe s'installer aux Tuileries. Seul, dans le palais des rois, environné d'une garde nombreuse, il se montra à la France, à une si grande distance de ses collègues, qu'on ne vit plus que lui seul.

A cette époque la France avait quatre armées sur pied, celle de Hollande dont une grande partie se trouvait dans les départements de l'Ouest.

Celle du Danube, commandée par Jourdan, qui venait d'être obligée de repasser le Rhin.

Celle d'Helvétie, victorieuse des Russes, commandée par Masséna ; et celle d'Italie, faible et désorganisée, qui défendait encore les Alpes et les Appennins. Masséna fut envoyé à Gênes pour la réorganiser et en prendre le commandement ; il lui amena quelques renforts ; mais l'armée autrichienne était d'une telle supériorité numérique, qu'après plusieurs combats il fut obligé de se renfermer dans Gênes, et le général Suchet qui commandait l'aile gauche de se retrancher derrière le Var. Les Autrichiens entrèrent dans Nice.

Ce fut alors que Bonaparte ordonna la formation d'une armée de réserve à Dijon, et que le commandement de l'armée du Rhin fut confié au général Moreau. Pendant que les conscrits nouvellement appelés se réunissaient à Dijon, la garnison de Paris, l'armée de l'Ouest, et celle d'Helvétie formèrent une armée formidable qui, sous le commandement de Napoléon, se mit en marche pour franchir les Alpes, afin de porter la guerre en Italie, déboucher sur les derrières du général Mélas, et le forcer à abandonner ses projets d'invasion sur la Provence et de faire sa jonction avec les armées anglaise et napolitaine, dont la première se rassemblait à Mahon, et qui toutes deux devaient débarquer sur les côtes de Provence , soulever le midi et se réunir ensuite à l'armée de Mélas.

L'armée française passa le mont Saint-Bernard dans la journée du 17 au 20 mai. Ce ne fut qu'après des prodiges inouis de courage, de patience , de génie et de dévouement. Les Français seuls et Annibal, soutenu par ses auxiliaires les Gaulois , étaient capables de tels efforts.

Le 2 juin, après plusieurs combats à notre avantage, Bonaparte fit son entrée à Milan. Il venait de faire sa jonction avec le général Moncey qui lui avait amené par le Saint - Gothard une division de l'armée du Rhin ; cette armée commandée par Moreau avait passé le fleuve , et gagné plusieurs victoires sur les Autrichiens.

Le 8 juin, le général de division Lannes, dans un combat sanglant, défit le général Ott à Montebello.

Napoléon ayant appris que Gênes avait capitulé le 4, se détermina à en venir aux mains avec Mélas avant que l'armée qui était employée au siège de Gênes, ne l'eût rejoint. Les deux armées se rencontrèrent à Marengo. Le 14 , les Autrichiens attaquèrent à la pointe du jour ; le village de Marengo fut emporté ; l'on se battit avec un acharnement extraordinaire , à trois heures après midi l'armée française était en pleine retraite, exécutée dans un ordre admirable. Le général Desaix arriva sur le champ de bataille avec sa division. Mélas qui croyait la victoire décidée, avait laissé à son chef d'état-major, le général Zach, le soin de poursuivre les Français. Mais ceux-ci, s'étant ralliés derrière la division Desaix, reviennent à la charge avec une nouvelle ardeur. Le général Desaix tombe roide mort au moment où il venait de commander : *en avant ;* mais le mouvement était donné, les Autrichiens reculent ; ils se précipitent en désordre sur le pont de la Bormida ; et la nuit arrivant dans ces entrefaites, fait tomber au pouvoir des Français tout ce qui se trouve sur la rive gauche de la rivière. Mélas épouvanté, envoya demander une suspension d'armes, et le lendemain, 18 juin, il signa une convention par laquelle la place de Gênes, toutes celles du Piémont, de la Lombardie et des Légations devaient être remises à l'armée française. L'armée autrichienne se retira sous Mantoue.

Les conséquences politiques de la bataille de Marengo furent immenses, le Piémont, l'Italie tombèrent au pouvoir des Français, et la cour de Vienne alarmée demanda une suspension d'armes, qui permit à Napoléon de s'occuper de l'organisation d'un gouvernement provisoire à Milan et à Turin.

Les hostilités ayant recommencé avec l'Autriche et le général Moreau, après avoir gagné la fameuse bataille de Hohenlinden, n'étant plus qu'à cinq journées de Vienne, l'empereur consentit à tous les sacrifices qu'on exigea de lui. La paix de Lunéville fut conclue et basée sur le traité de Campo-Formio, la Toscane fut cédée à l'Infant, duc de Parme, qui prit le titre de roi d'Etrurie.

Cette paix qui assurait tant d'avantages à la France fut suivie de la paix avec les rois de Naples, de Suède et de Portugal, avec la Porte, avec l'empereur de Russie, avec les Etats-Unis d'Amérique, avec l'électeur de Bavière et la régence d'Alger.

La France respira pendant quelque temps. Elle vit dans ces dispositions pacifiques, le gage des bonnes intentions de son premier magistrat, qui s'occupa d'améliorer l'administration, ferma la liste des émigrés, organisa les tribunaux, établit la banque, donna des encouragements aux sciences, accorda des prix à l'industrie, répara les grandes routes et annonça le projet des grands établissements qu'il a faits depuis à Paris. Aussi, dans ces circonstances,

ces , il recueillit dans les applaudissements de la nation , le prix de ses brillantes victoires et de ses glorieux travaux.

Cependant quelques hommes qui voyaient avec regret périr la république , calculant dans leur fanatisme que plus la France s'énivrerait de son héros , plus la cause de la démocratie courrait de dangers, et désespérant de la liberté , si Napoléon continuait par des lois en harmonie avec les besoins de la nation à agrandir sa renommée , se dévouèrent : rivalisant de haine pour le gouvernement d'un seul , avec les anciens Romains, ils conspirèrent la mort du premier consul. Trahis par un des conjurés , ils furent arrêtés le 10 octobre 1800, à l'opéra , et périrent sur l'échafaud.

Deux mois après , le 24 décembre, pendant que Bonaparte se rendait à l'opéra pour voir jouer l'admirable Oratorio d'Haydn , la Création du monde, et au moment que sa voiture venait de tourner le coin de la rue Saint-Nicaise , une explosion effroyable se fit entendre. « Nous sommes minés , s'écria Napoléon. » Lannes et Bessières qui se trouvaient avec lui , voulaient faire arrêter ; mais il les en empêcha. Bonaparte ne dut son salut qu'à une circonstance particulière. Son cocher était dans un tel état d'ivresse , qu'il ne

5

sut que le lendemain ce qui s'était passé ; dans cet état, il excita si vivement l'ardeur de ses chevaux, qu'il franchit au risque de briser sa voiture, les obstacles que les conjurés avaient fait naître à dessein.

Une machine, en forme de tonneau, cerclée en fer, remplie de poudre, de balles, de lingots de fer, de clous, etc. avait été placée sur une charrette attelée d'un cheval, et mise en travers dans la rue que devait suivre la voiture du premier consul, afin de causer de l'embarras et de ralentir sa marche. La mèche était assez longue pour donner à celui qui y mettait le feu, le temps de tourner le coin de la rue, et son calcul était si juste que sans l'ivresse du cocher, et la rapidité de ses chevaux, il réussissait dans son entreprise criminelle.

L'explosion de cette machine infernale fit périr une vingtaine de personnes et en blessa grièvement plus de deux cents. Les deux auteurs subirent la peine due à leur crime.

A la suite de ces conspirations, de nombreuses déportations furent ordonnées ; mais l'arbitraire commençait à envahir le gouvernement consulaire, et des hommes entièrement étrangers à ces événements furent déportés.

Sous les prétextes spécieux d'arrêter le cours du brigandage, ou plutôt pour se défaire plus sûrement des hommes qui dans plusieurs départements exerçaient de l'influence sur les nombreux partisants de la cause des Bourbons, on proposa la création des tribunaux spéciaux ; vainement plusieurs orateurs du tribunat s'opposèrent à cette odieuse et tyrannique institution. Ce projet fut adopté. Ces tribunaux remplacèrent les commissions militaires et les mises en état de siège, qui avaient succédé à la loi des ôtages.

Peu de temps après le 18 brumaire , Bonaparte avait écrit au roi d'Angleterre pour lui annoncer son élévation et lui parler de paix. Le gouvernement anglais lui répondit qu'il ne pouvait pas traiter avec le chef d'un gouvernement qui n'avait pas encore reçu la sanction du peuple, et qui ne devait cette élévation qu'à la force des bayonnettes. Lorsque la paix continentale eut permis au premier consul de disposer de toutes ses forces, il menaça cette nation d'une descente. Une armée considérable fut réunie au camp de Boulogne, et une immense quantité de bateaux plats destinés à transporter cette armée au bord de la Tamise, furent rassemblés dans tous les ports de la France. L'amiral Nelson tenta de détruire cette flotille ; mais cette tentative échoua : il se retira même avec perte.

Napoléon, voulant affermir de plus en plus sa domination et prévenir tout prétexte de mécontentement, sentit qu'il fallait attacher à sa cause les hommes qui par leurs vertus et leur courageuse résignation avaient mérité la confiance du peuple. Il négocia avec la cour de Rome un concordat, qui fut conclu le 15 juillet 1801. Cet acte contribua puissamment à ramener la paix dans l'état, et donna aux nations étrangères des idées favorables sur la stabilité du gouvernement français. Le Saint-Père en reconnaissant la validité des ventes des biens de l'église, consomma, sans aucune indemnité, la vente de 400,000,000 de ces biens.

En nommant un gouvernement provisoire à la république cisalpine, Napoléon avait ses vues d'ambition personnelle. La *consulta* de cette république fut réunie par ses ordres à Lyon, et le premier acte de cette assemblée fut de céder aux ordres secrets de son fondateur, qui reçut d'elle l'invitation d'assister à ses séances. Bonaparte arriva à Lyon, le 21 janvier 1802, et le 25, en vertu de la constitution que cette consulte venait de discuter pour la forme en quatre jours, il accepta le titre de président de la république italienne.

Bonaparte, dans sa coupable ambition, voulant se prévaloir de tous les moyens qui pouvaient la satisfaire, osa faire des propositions à Louis XVIII et aux Princes français, touchant la cession de leurs droits ou leur renonciation. Sa lettre plus qu'irréfléchie, était l'acte d'un homme que la soif du pouvoir aveugle. La réponse de Louis XVIII, fut celle d'un roi. Cette réponse digne de ce prince ayant circulé à Paris, on répandit le bruit que Bonaparte voulait abdiquer, et que les ouvertures faites au roi, n'étaient que le prélude de cette démarche. Les royalistes toujours crédules, ne manquèrent pas de propager cette fable. Cependant la famille royale fut forcée de quitter Varsovie pour ne point tomber dans les pièges, que les émissaires de la police de Napoléon ne cessaient de leur tendre.

L'armée d'Egypte opposait une résistance glorieuse, contre toutes les attaques réitérées des Turcs et des Anglais; son intrépide chef, le général Kleber, avait gagné contr'eux plusieurs victoires, lorsqu'il fut assassiné. La division se mit alors parmi les généraux. Abandonnée par la métropole,

5.

l'armée capitula, évacua l'Egypte et retourna en France.

Depuis quelques temps des négociations secrètes avec l'Angleterre avaient pris une tournure favorable ; lord Cornwallis se rendit à Amiens pour traiter de la paix ; elle fut conclue le 25 mars 1802. Par le traité d'Amiens, les possessions conquises sur la France et ses alliés, devaient être restituées ; toutefois la grande Bretagne demeurait maîtresse de la Trinité et des places fortes qui avaient appartenu à la Hollande dans l'île de Ceylan ; celle de Malte, rendue à l'ordre, était déclarée indépendante. Cette paix ne fut qu'une trève fallacieuse, utile à l'Angleterre et à Napoléon, et qui devait être rompue lorsqu'elle ne serait plus favorable à leurs projets d'envahissement.

Bonaparte s'avançait à pas de géant vers le gouvernement monarchique, ou plutôt vers le despotisme. Après avoir fait proroger son consulat à dix ans, il se fit nommer consul à vie, et viola le droit de propriété en perpétuant le sequestre des forêts non vendues appartenant à des émigrés rentrés avec autorisation ou à des Français déclarés non émigrés ; il donna au conseil d'état le pouvoir de casser les arrêts du conseil de cassation ; il se fit déférer le droit de nommer des sénateurs, dont la nomination, par la constitution, appartenait au sénat ; il réduisit à cinquante le nombre des tribuns qui était de cent, et en élimina les membres reconnus pour être les défenseurs des intérêts du peuple ; il viola la liberté individuelle en laissant les ministres et le Sénat, maîtres de déterminer le temps où les prévenus de conspiration seraient admis à être jugés.

Un des événements les plus désastreux de cette époque, c'est l'expédition de Saint-Domingue, conseillée par une politique machiavélique. Cette belle colonie, ne réclamait pour prix de son attachement à la métropole, que de voir l'autorité civile et militaire-confiée aux naturels du pays ; elle repoussait l'esclavage. Mais il fallait un prétexte pour précipiter dans une destruction presque inévitable cette glorieuse armée si souvent victorieuse sous Moreau. Il fallait anéantir les débris de ces régiments, restes de l'armée de Condé, qui sur la foi des traités, après avoir servi la cause de leur roi, rentraient dans leur patrie. Deux ports seulement leur étaient affectés pour venir en France ; à peine débarqués, ils étaient arrêtés, transportés sur les vaisseaux de l'expédition et forcés à s'enrôler. Il fallait se défaire d'une foule d'hommes intrépides, arrêtés pour opinions politiques, qui furent élargis sous la condition de s'embarquer pour Saint-Domingue. Ainsi, jacobins, royalistes, partisants des libertés légales, tous furent confondus et sacrifiés dans cette criminelle entreprise, dont les affreux résultats ne sont malheureusement que trop connus.

Pendant que l'Europe avait les yeux fixés sur cette désastreuse expédition, Napoléon s'emparait de l'isle d'Elbe, incorporait le Piémont à la France, envahissait les états de Parme, et forçait la Suisse à souscrire au pacte fédéral. L'Angleterre déjà fatiguée d'une paix favorable à notre marine et à notre commerce, feignit de voir dans ces actes une infraction au traité d'Amiens, elle demanda l'évacuation de la Hollande par les Français et la possession de l'isle de Malte pendant dix ans. La rupture eut lieu. Les Anglais saisirent même avant la déclaration de guerre tous les bâtiments de commerce français qui se trouvaient dans leurs ports et qui se fiant sur la bonne foi des cabinets, naviguaient en pleine sécurité. Bonaparte ordonna d'arrêter par toute la France et sur le territoire occupé par nos armées, tous les Anglais quelconques, et de les retenir prisonniers en représailles des vaisseaux français si injustement saisis.

Dès que la guerre avec l'Angleterre ne fut plus un problème, Napoléon fit reprendre les travaux pour la flotille destinée à l'invasion. Une armée française s'empara de l'électorat d'Hanovre.

Bonaparte, constamment occupé des moyens de fasciner les yeux des républicains, d'éblouir un peuple ami de tout ce qui porte un caractère de grandeur, passionné pour toutes les institutions libérales, créa la légion d'honneur. Alors, le serment en était ainsi conçu :

Je jure sur mon honneur de me dévouer au service de la république, à la conservation de son territoire dans son intégrité, à la défense de son gouvernement, de ses lois et des propriétés qu'elles ont consacrées, de combattre, par tous les moyens que la justice et les lois autorisent, toute entreprise tendant à rétablir le régime féodal ; à reproduire les titres et les qualités qui en étaient l'attribut ; enfin, de concourir de tout mon pouvoir au maintien de la liberté et de l'égalité.

Le 27 octobre 1803, la Louisiane fut cédée aux Etats-Unis d'Amérique, moyennant le prix de soixante millions de francs.

Chaque nouvel acte du gouvernement portait une nouvelle atteinte aux libertés nationales. Le 20 décembre 1803, un Senatus-consulte, rendu sur la proposition du conseil d'Etat, en paraissant établir une nouvelle organisation du corps législatif, lui enleva jusqu'aux dernières apparences de la liberté et consomma son avilissement.

Dès-lors les yeux des Français se dessillèrent, ils ne virent dans Napoléon qu'un ambitieux qui, après s'être joué de tous les partis, s'environnait de ces protées politiques qui n'ont d'autre opinion que celle qui leur procure des richesses, des honneurs, des places et des dignités, et dont la cupidité et la trahison lui devaient servir de degrés pour parvenir au trône impérial. Mais ce n'était qu'après avoir frappé de grands coups qu'il pouvait y monter; il fallait de nouvelles conspirations et des victimes illustres.

Des traîtres parmi les jacobins et parmi les royalistes furent lancés au milieu des mécontents, ils flattèrent leurs illusions, ranimèrent leurs espérances, les enhardirent dans leurs projets, ils furent de vrais agents provocateurs. Séduits par leurs promesses fallacieuses (1), plusieurs personnages mar-

(1) On leur parla d'une réconciliation entre les républicains et les royalistes pour relever le

quants parmi les mécontents se rendirent à Paris. Ils y furent arrêtés. Parmi eux, se trouvaient le général Pichegru, Georges Cadoudal, chef royaliste du Morhiban, et d'autres hommes connus par leur attachement à la cause royale. Mais comme il fallait, pour arriver plus sûrement à la suprême puissance, écraser à la fois, et les Français restés fidèles à la race légitime, et ceux qui l'étaient encore aux institution libérales, le général Moreau, l'espoir des hommes modérés de la France, leur fut assimilé. Accusé d'avoir des relations avec Pichegru et Georges, il fut arrêté et compris dans l'acte d'accusation.

Tout ce que le despotisme a de plus odieux, délation, trahison, torture, têtes mises à prix, peine de mort contre ceux qui donneraient asile aux prévenus, fut employé dans cet affreux procès. Pichegru dont on redoutait la fermeté, l'éloquence et les révélations, fut étranglé dans sa prison. Ainsi périt le vainqueur de Haguenau, de Courtray, de Mont-Cassel, de

trône des Bourbons, au milieu d'une constitution copiée sur celle d'Angleterre ; on leur montra le traité conçu dans ces intentions, rédigé avec solennité, signé des noms les plus imposants. Les signatures étaient fausses. [DE MOREAU, par M. Garat.]

Menin, de Boxtel, celui qui sur la glace
à la tête de sa cavalerie et de son artillerie
légère s'empara d'une flotte considérable
de vaisseaux de guerre, celui qui le premier avait fait connaître la victoire aux
armées républicaines, qui avait inventé
cette tactique nouvelle d'étonner l'ennemi
par une nuée de tirailleurs, par des attaques réitérées, en dédaignant le siège des
places fortes pour ne s'occuper que de
poursuivre l'armée qui aurait pu les se-
courir, et à qui on devait ce terrible pas
de charge si redoutable aux troupes étrangères. C'est à son école que s'étaient formés
les Moreau, les Macdonald, les Kléber,
les Désaix et tant d'autres généraux qui ont
immortalisé le nom français. Il mourut
de la main de son élève. Pichegru avait
été à l'école militaire de Brienne, le répétiteur de mathématiques de Napoléon.

Pendant qu'on instruisait cette épouvantable procédure, un nouveau crime
vint encore servir de degré à ce trône
qui s'élevait sur les débris de nos libertés.
Le projet d'attirer dans le piège les princes français qui se trouvaient en Angleterre, ayant échoué, une victime non
moins illustre par son grand nom, et
ses brillantes qualités, fut désignée par
Napoléon, pour cimenter une alliance de

sang

sang entre lui et les régicides. Aussi à peine la victime eut-elle cessé de vivre, qu'il laissa échapper ces paroles : *On ne dira plus maintenant que je veux jouer le rôle de Monk.*

Le duc d'Enghien fixé à Ettenheim, dans le grand duché de Bade, par son attachement pour la princesse de Rohan, fut enlevé le 15 mars 1804, par un détachement de troupes françaises, qui pénétra dans son habitation au milieu de la nuit. Conduit à Strasbourg et de là à Vincennes le 20 mars, il fut mis à mort la nuit même de son arrivée. Des circonstances atroces accompagnèrent son jugement et son exécution. Les membres de la commission militaire ne voulaient point prononcer sur la peine, sans en avoir instruit Bonaparte ; *c'est inopportun,* dit un officier-général placé derrière le fauteuil du président. L'accusé n'eut point de défenseur ; nul témoin ne déposa contre lui ; le jugement reçut son exécution, sans que les juges, sans que le greffier en eussent signé la minute, avant qu'elle fût même rédigée ; sans qu'un conseil de révision, d'après les lois militaires, l'eût confirmé ; pendant que les juges renfermés dans une chambre, délibéraient pour demander un sursis au premier consul. L'assistance d'un ministre de la religion fut refusée à ce malheureux prince ; sa fosse était creusée avant son jugement. Ainsi sa mort fut un véritable assassinat, et l'assassin fut Napoléon, qui signa cette mort d'avance et qui refusa sa vie aux instances du second Consul et aux larmes de son épouse.

Ce prince mourut avec le plus grand courage et la plus religieuse résignation. Lorsqu'on eut répondu à la demande qu'il fit d'un prêtre : *tu veux donc mourir comme un capucin*; il s'agenouilla, éleva son ame à Dieu, et s'étant relevé, il dit d'une voix ferme : *Marchons*. On l'avait éveillé à minuit pour le conduire devant la commission qui était chargée de le con-damner; c'était une heure et demie du matin lorsqu'il arriva sur les bords de sa fosse. Dès qu'il eut aperçu les gendarmes d'élite qui devaient le fusiller, il s'écria satisfait : *Graces à Dieu, je mourrai de la mort d'un soldat*. Une lanterne pour mieux diriger les coups, fut suspendue sur sa poitrine. Au moment d'être frappé il dit : *Allons, mes amis....* mais une voix bien coupable l'interrompit en disant : *Tu n'as point d'amis ici*. Ainsi, périt à la fleur de son âge, l'unique rejeton d'une race de héros.

Le 13 mars 1804, le général Moreau

comparut sur le banc des accusés avec
George Cadoudal et les autres prévenus
de conspiration contre la personne du premier Consul. Pendant trois mois l'attention
de l'Europe fut fixée sur ce grand procès ;
la police fit des efforts inouis pour rendre
les accusés odieux ; mais elle ne put parvenir à pervertir l'opinion qui, élevant sa
voix contre ce procès inique, força Bonaparte à rappeler auprès de lui le ministre
Fouché, qui avait encouru sa disgrace et
dont la cauteleuse habileté parvint à le
tirer de ce bourbier sanglant. L'opinion,
alors, était si fortement prononcée contre
Napoléon, qu'irrité de tous les rapports
qui lui arrivaient, il ordonna au ministre
de la police de faire arrêter tous ceux qui
parleraient contre lui. Celui-ci répondit
qu'il faudrait faire arrêter toute la France.

Georges prit toute la conspiration sur
son compte, et déclara qu'il était venu à
Paris, non pour assassiner, mais pour
combattre Bonaparte et rétablir le trône
des Bourbons. Moreau nia constamment
d'avoir eu des liaisons avec Georges, et
aucune avec Pichegru qui eussent pour
objet la mort du premier consul. Georges
fut condamné avec 19 autres accusés. Bonaparte fit grâce à plusieurs. La condam-
nation de Moreau, fut une espèce de

transaction entre la force et la justice. On voulait sa mort ou du moins une peine flétrissante, mais sept juges sur douze eurent le courage de résister à l'influence du pouvoir, et quoique innocent, il fut déclaré coupable et condamné à une détention de deux ans, qui fut ensuite convertie en exil (*).

Dès que Bonaparte se fit nommer Consul à vie, chacun put juger qu'il avait une arrière pensée et prévoir un but ultérieur. (**). Dans son adresse du 6 germinal, le Sénat lui disait : « Vous pouvez
» enchaîner le temps, mettre un frein
» aux conspirateurs, tranquilliser la France
» entière, en lui donnant des institutions
» qui cimentent l'édifice en prolongeant
» pour les enfants, ce que vous fîtes pour
» les pères... »

(*) « Après avoir entendu son jugement en silence, il descend de même l'escalier du palais, il traverse la foule immense qui ne parle que de lui, sans qu'il lui échappe un mot, un mouvement qui le décèle. Arrivé dans la rue, il s'y trouve seul : tout semble avoir été préparé pour une évasion que le monde entier eût applaudie ; il se jette dans un fiacre et crie au cocher : *Au Temple.* Il se présente seul, il frappe à la porte de cette prison, il a peine à se faire ouvrir, il dicte luimême son écrou.... Ces faits ont un caractère antique qui n'est presque plus à notre usage. » [DE MOREAU, *par M. Garat.*]

(**) Discours de Carnot au Tribunat.

« Sénateurs , » répond Bonaparte, à ce corps qui n'était institué que pour la conservation de nos libertés : « Votre adresse » a été l'objet de ma méditation la plus » constante , je vous invite donc à me faire » connaître votre pensée tout entière.... »

Par cette réponse , le Sénat est forcé dans ses derniers retranchements ; mais pendant qu'il délibère , le Tribunat , mutilé par l'élimination de cinquante de ses membres les plus favorables à la cause de la liberté , prend l'initiative. Le 30 avril 1804 , le tribun Curée monte à la tribune, demande que Napoléon Bonaparte soit proclamé empereur des Français , et que l'hérédité soit attachée à ce titre suprême. Cette proposition fut adoptée le cinq mai, Carnot seul s'y opposa ; le Corps législatif suivit l'exemple du Tribunat , et le lendemain le Sénat répondit au message du premier Consul qui l'invitait à lui faire connaître sa pensée tout entière : « Que » les Français après avoir conquis la liberté » veulent le repos après la victoire. Ce » repos glorieux ils le devront au gouver- » nement héréditaire d'un seul, qui, élevé » au-dessus de tous, investi d'une grande » puissance, environné d'éclat, de gloire » et de majesté, défende *la liberté publi-* » *que, maintienne l'égalité,* et baisse

» ses faisceaux devant l'expression de *la*
» *volonté souveraine du peuple* qui l'aura
» proclamé. »

En déclarant que ce gouvernement héréditaire ne pouvait être confié qu'à Napoléon Bonaparte et à sa famille, le Sénat
développa dans un mémoire joint à ce
message : « les dispositions qui lui sem-
» blaient les plus propres à donner à nos
» institutions la force nécessaire pour
» garantir à la nation ses droits les plus
» chers, en assurant l'indépendance des
» grandes autorités, le vote libre et éclairé
» de l'impôt, la sûreté des propriétés, la
» liberté individuelle, celle de la presse,
» celle des élections, la responsabilité des
» ministres et l'inviolabilité des lois cons-
» titutionnelles. »

Le sénat pouvait-il se flatter d'assurer à
la nation ses garanties, surtout en proclamant souverain de cette nation, l'homme
qui n'étant encore que consul l'avait dé-
pouillée de ses droits les plus sacrés. Comment, devenu empereur, les respectera-
t-il ? Etait-ce une pierre d'attente pour
l'avenir ?....

Les grandes dignités impériales furent
dévolues à

Joseph Bonaparte, grand Electeur;
Louis Bonaparte, Connétable;

Joachim Murat, grand Amiral;

Cambacérès, Archi-Chancelier;

Lebrun, Archi-Trésorier d'Etat;

Berthier, Vice-Connétable;

Talleyrand-Périgord, Vice-grand Electeur.

Les généraux Bernadotte, Kellermann, Brune, Mortier, Lannes, Périgord, Serrurier, Lefèbvre, Massena, Ney, Davoust, Bessières, Jourdan, Augereau, Moncey, Berthier et Soult, reçurent le titre de Maréchaux de l'empire.

Bonaparte en montant sur le trône, dédaigna toutes les formes populaires, qui auraient pu faire croire au peuple que cette élévation était le dernier acte de sa souveraineté. L'opinion comprimée par une police ombrageuse se tut; la suppression du jury pour les affaires politiques et le sang de Georges et de ses compagnons qui coulait encore sur les échafauds de la capitale, plongeaient la nation dans une stupeur si favorable au despotisme, que sur aucun point de la France il ne se manifesta la moindre opposition.

Napoléon partit pour le camp de Boulogne le 18 juin, il visita les places maritimes de la Manche, et accompagné de son épouse Joséphine il parcourut la Belgique et les provinces Rhénanes; en retournant de ce voyage il ordonna les apprêts de son couronnement.

Pour donner à cette cérémonie un caractère religieux et inspirer au peuple de la vénération pour les nouvelles institutions, il se fit sacrer par Pie VII. Ce ne fut qu'après de longues négociations et dans la crainte de voir l'église menacée d'un schisme, que le pontife déjà vieux, se détermina au milieu de l'hiver à se rendre à Paris. Napoléon fut sacré le 2 décembre, il plaça de sa propre main la couronne sur sa tête. Cette cérémonie fut magnifique et des fêtes brillantes furent données au peuple et aux soldats.

Le 19 mars 1805, une députation italienne vint lui offrir la couronne de fer, il l'accepta en présence d'une assemblée du Sénat. Il partit le 2 avril de Paris pour se rendre à Milan, où il fit son entrée le 6 mai. Le 26, le couronnement eut lieu, et Bonaparte en plaçant encore lui-même la couronne sur sa tête, prononça ces paroles consacrées dans le couronnement des rois Lombards : *Dieu me la donne, gare à qui la touche.*

On remarqua que pendant tout le temps que durèrent les cérémonies et les réjouissances à Milan, sa physionomie prit une teinte plus sombre qu'à Paris. Il avait sans doute présentes à son esprit, les promesses qu'il avait faites aux amis de la liberté si nombreux dans l'Italie ; la république qu'il avait promise aux patriotes de Milan et ses sublimes proclamations de l'armée d'Italie. Ce fut alors, dit-on, qu'il commença à porter cette fameuse cotte de maille qui était à l'épreuve de la balle et du poignard.

Ce fut pendant son séjour à Milan, qu'il réunit la république ligurienne à la France et en forma trois nouveaux départements. Après avoir élevé le prince Eugène Beauharnais à la dignité de vice-roi d'Italie, il vint à Gênes visiter ses nouveaux sujets, et se rendit ensuite à Paris, où il arriva le 11 juillet.

La descente en Angleterre est encore considérée comme un projet chimérique, cependant le plan qu'avait tracé Bonaparte était bien combiné, et sans la perte de la bataille de Trafalgar, la Grande-Bretagne aurait couru de grands dangers.

Deux cent mille hommes d'excellentes troupes étaient campés sur les côtes de l'océan. Elles s'exerçaient tous les jours à s'embarquer sur la flotille et à en débarquer avec promptitude. Cette innombrable flotille n'était que le moyen de débarquer ces 200 mille hommes en peu d'heures, en s'emparant de tous les bas fonds. Mais pour que ces légers bâtiments pussent aborder sur les côtes d'Angleterre, il fallait au moins pendant quelques jours que les forces navales de la France fussent maîtresses de la Manche.

Afin d'arriver à ce grand but, les escadres de Toulon et de Cadix en s'éloignant momentanément des côtes de France, devaient attirer en Amérique les flottes anglaises, et revenant ensuite se rallier à celles du Férol, de l'Isle-Dieu, de Brest et de Hollande elles auraient formé une flotte d'environ quatre-vingts vaisseaux de haut bord, qui maîtresse de la mer aurait protégé la descente et c'en était fait de la rivale de la France; mais la perte de la bataille de Trafalgar où périrent l'amiral anglais Nelson et l'amiral espagnol Gravina, empêcha cette réunion, et l'expédition fut manquée. La faute en fut, dit-on, à l'amiral Villeneuve; il l'expia cruellement.

L'Angleterre alarmée et encore effrayée d'une expédition qui devait anéantir son existence politique, ne vit d'autres moyens de se garantir d'un si grand danger que dans une nouvelle coalition contre la France. Elle se forma de l'Angleterre, de la Russie, de l'Autriche et de la Suède ; l'Angleterre devait attaquer les côtes de France, la Suède marcher sur le Hanovre et la Hollande, la Russie joindre 130,000 hommes aux troupes autrichiennes et envahir de concert l'Italie et la France. Le roi de Prusse gardait une neutralité armée; mais dès que les hostilités eurent commencé, il adhéra à la coalition; la bataille d'Austerlitz l'empêcha de se déclarer.

Au commencement de septembre, la Bavière est inondée de troupes autrichiennes, le prince Charles, à la tête d'une armée considérable, attaque l'Italie. Massena lui est opposé.

Avant de quitter Paris, Napoléon obtient du Sénat une levée de 80,000 hommes; le premier octobre il est sur le Danube, et tourne les positions de l'ennemi. Les Français sont victorieux à Wertingen, à Memmingen et à Guntzburg; le général en chef autrichien renfermé dans Ulm, capitule avec 30,000 hommes. Nuremberg, Lowers, Amstetten, Marienzells, Prassling, Lintz et Inspruck, donnent leurs noms à de nouvelles victoires. Massena bat les ennemis à Castel-Franco, et Napoléon fait son entrée à Vienne le 13 novembre : il ne s'y arrêta qu'un moment. Le 19 les Russes furent chassés de Brum et le quartier-général s'établit à Vischau. Massena et Gouvion-Saint-Cyr rivalisant de gloire, parvinrent par de savantes manœuvres à faire leur jonction avec la grande armée à Klagenfurt.

Le 2 décembre se donna la mémorable bataille d'Austerlitz. Cent mille Russes et Autrichiens commandés par le prince Charles et par Kutusow, sont concentrés près de ce village. Au lever du soleil, ils attaquent et manœuvrent pour isoler les deux aîles de l'armée française. Ils dirigent leurs principales masses vers le centre ; c'est-là que la garde impériale russe se mesure avec la garde impériale française. Le choc est terrible, la lutte sanglante ; mais la victoire sourit aux Français. Les masses russes sont enfoncées, notre cavalerie les écrase, elles les précipite sur les lacs glacés d'Augzed et Monits, dans l'étang de Sokolnik ; la glace ne peut soutenir ce poids énorme, elle rompt, ils sont engloutis. La perte des ennemis fut immense.

Deux jours après, l'empereur François eut une entrevue avec Napoléon, l'on y convint d'un armistice, les Russes se retirèrent par journées d'étapes, l'empereur Alexandre reprit la route de Saint-Pétersbourg.

La paix fut signée à Presbourg le 26 décembre. L'Autriche reconnaissait Napoléon pour roi d'Italie, et lui cédait les états de Venise, la Dalmatie et l'Albanie. La principauté d'Augsbourg, le Tyrol et la Souabe autrichienne furent partagés entre l'électeur l'électeur de Bavière et le duc de Wurtemberg qui prirent le titre de roi, et le duc de Bade qui prit celui de grand duc.

La Prusse cédant aux circonstances conclut un nouveau traité avec Napoléon. Elle lui céda le pays d'Anspach, Bareuth, Clèves et le grand duché de Berg, qui fut donné en apanage à Murat, et la principauté de Neufchâtel au prince Berthier. Elle reçut en indemnité l'électorat de Hanovre.

Le 9 septembre 1805, un senatus-consulte abolit le calendrier républicain.

Sous le prétexte que le roi de Naples avait reçu les Anglais dans ses ports, une armée française envahit ce royaume. La famille royale se réfugia en Sicile, et Napoléon proclama son frère Joseph roi de Naples, dans le mois de février 1806.

Le 5 juin, une députation de Hollandais vint demander un roi à Napoléon. Il leur donna son frère Louis.

Dans le cours de ses victoires, Bonaparte ne négligeait pas les affaires intérieures de la France. La promulgation du code civil et de procédure civile avait rempli l'attente générale; des travaux considérables s'exécutaient pour l'embellissement de la capitale, la construction des ponts et l'ouverture des nouvelles routes; les maisons de jeux furent supprimées dans les départe-

ments, l'industrie encouragée, le com=
merce intérieur soutenu et la création de
l'université à laquelle devaient se rattacher
toutes les branches de l'enseignement public, fut un des grands bienfaits du gouvernement.

Le ministre anglais Pitt était mort, Fox
lui avait succédé, des négociations s'enta-
mèrent, mais la mort de Fox les rompit.

Bonaparte persuadé qu'aucune puissance
continentale ne pouvait résister à ses armes,
exerça en Allemagne une autorité qui était
inconnue chez ces peuples depuis Charles-
Quint. Il força l'empereur d'Allemagne à
quitter ce titre pour prendre celui d'empereur d'Autriche ; il renversa l'antique constitution germanique et en forma une confédération dont il se proclama le protec-
teur. La Prusse alarmée de ses envahisse-
ments, et mécontente de ce que Napoléon
dans ses négociations avec Fox lui avait
offert de lui rendre le Hanovre, traita
avec l'Angleterre, la Russie et la Suède,
et ses armées s'emparèrent de la Saxe.

Napoléon part de Paris, il arrive le 6
octobre à Wurzbourg. La campagne s'ouvrit par le combat de Saalfelds où le prince
Louis de Prusse perdit la vie.

Le 14 octobre, les deux armées se rencontrèrent dans la plaine d'Iena. Un brouil-

lard épais obscurcissait l'horison ; lorsqu'il se dissipa , elles s'aperçurent à demi portée du canon. Les Prussiens attaquèrent ; en moins d'une heure l'action devint générale. De part et d'autre on manœuvra comme à une parade, mais les dispositions du général français déconcertèrent l'ennemi, il perdit du terrain. Le maréchal Ney, arrivant sur les derrières de l'armée, remplaça la réserve , qui marchait pour soutenir la ligne qui se portait en avant et qui se voyant appuyée , attaqua les Prussiens avec une telle vigueur , qu'ils se mirent en retraite ; ils l'opérèrent dans le commencement avec ordre ; mais étant chargés par Murat à la tête de la cavalerie, ils se retirèrent en désordre. A Auerstaëd, le maréchal Davoust, avec 25,000 hommes combattit victorieusement plus de 50,000 ennemis.

La journée d'Iena coûta au roi de Prusse près de 40,000 hommes , fit perdre à son armée sa ligne d'opérations, et la jeta dans la plus horrible confusion. Le reste de la campagne fut une suite continuelle de triomphes. Napoléon entra à Berlin le 26. Erfurt, Preutzen , Magdebourg , Spandau , Wittemberg , Custrin , Stettin , Lubeck , Andlaw , Batkaw, furent témoins d'autant de combats, où nos maréchaux se couvrirent de gloire. La Prusse fut entièrement au pouvoir des Français, et il ne resta à son roi, qui s'était retiré à Koenigsberg, que 25 à 30,000 hommes renfermés dans les places fortes.

C'est de Berlin que Napoléon data son décret qui déclarait les Iles Britanniques en état de blocus, et appliquant la saisie à toute marchandise, à tout anglais trouvé sur le territoire de la France, sur celui des pays qu'elle a conquis et de ceux qui sont sous la domination de ses alliés.

Cependant les Russes qui ne pouvaient concevoir qu'un royaume fût conquis en six semaines, arrivaient, quoique un peu tard, au secours des Prussiens. Ils occupèrent Varsovie ; mais dans les combats de Pultusk et Golymin, ils furent vaincus et forcés d'évacuer la Pologne prussienne. Les Polonais accueillirent les Français comme des libérateurs et se livrèrent aux plus nobles espérances en croyant qu'ils combattaient pour le rétablissement de leur nation.

Les Russes ayant reçu des renforts marchaient pour porter le théâtre de la guerre sur la basse Vistule. Les combats de Bergfried, de Waterdorff, de Deppen et de Hoff attestèrent notre supériorité. Le 8 février 1807, se donna la sanglante bataille d'Eylau. A la pointe du jour les Russes attaquèrent. Une épouvantable canonnade s'engagea de part et d'autre, une neige épaisse et telle qu'on ne pouvait se distinguer à deux pas, couvrit les deux armées. Dans cette obscurité, le point de direction fut perdu, les colonnes flottaient incertaines, la victoire était sur le point de nous échapper, il fallait une manœuvre audacieuse pour sauver l'armée. Murat s'élance à la tête de la cavalerie, tourne la division St.-Hilaire, tombe sur les ennemis, et culbute plus de 20,000 hommes d'infanterie; mais l'affaire n'était pas encore décidée. Ce n'est que lorsque le maréchal Davoust déborda les Russes, qu'ils se déterminèrent à se retirer. Ce fut une des plus sanglantes actions de la campagne, le bulletin du 2 mars qui étalait avec plaisir les horreurs de ce champ de bataille nuisit beaucoup à Napoléon. On peut dater de cette époque l'indignation que la guerre finit par exciter dans la nation.

Le but des alliés d'empêcher le siège de Dantzick ayant été manqué par la perte de la bataille d'Eylau, cette place fut investie et elle se rendit le 26 mai, après un siège mémorable, au maréchal Lefebvre.

Les deux armées ayant reçu de puissants renforts, tout annonçait une campa-

gne sanglante. Le 5 juin, les alliés se portèrent en avant et furent repoussés à Span-
daw et à Lomitton. Le 9, les Français
emportent d'assaut Gluckstads et le 12
l'armée occupe Helsberg ; de part et d'autre
on manoeuvrait pour une bataille décisive.
Elle eut lieu le 14 ; l'ennemi déboucha sur
le pont de Friedland ; l'action ne devint
générale qu'à cinq heures du soir, où tous
les corps d'armée se trouvèrent à leur
place. Napoléon fit commencer l'attaque
par la droite, commandée par le maréchal
Ney, la division Marchand s'avança l'arme
au bras, une charge de cavalerie fut repoussée par les dragons de Latour-Mau-
bourg et la garde impériale russe culbutée
par la division Dupont. N'ayant pu arrêter
le mouvement de la droite, tous les efforts
des Russes se portèrent sur le centre ; mais
Lannes était là ; ils ne purent rien entamer
et trouvèrent la mort sous les bayonnettes
françaises. Le maréchal Mortier qui commandait la gauche, se porta alors en avant,
et culbuta tout ce qui lui était opposé ;
jamais armées ne montrèrent plus d'héroïsme et d'acharnemeut : à onze heures
du soir l'on se battait encore, les Russes
ne cédèrent la victoire qu'après des efforts
inouïs, et comme à Austerlitz les charges
à la bayonnette en précipitèrent des mil-

liers dans les flots de l'Alle : l'armée vain-
cue se réfugia derrière le Prégel, dont
elle rompit les ponts.

La bataille de Friedland terrassa l'ardeur des alliés ; Kœnisgberg tomba au
pouvoir des Français avec d'immenses ap-
provisionnements de toute espèce.

Le 20 juin 1807, fut signé un armistice ; le 25 une entrevue entre Alexandre
et Napoléon eut lieu dans un pavillon
dressé sur un radeau au milieu du Nie-
men ; ils y convinrent de la paix, elle fut
signée le 7 juillet. La Pologne prussienne
passa sous la domination du roi de Saxe
avec le nom de grand duché de Varsovie ;
les trois frères de Napoléon furent reconnus roi de Naples, de Hollande et de
Westphalie. Ce dernier royaume était
formé du Landgraviat de Hesse-Cassel, du
Duché de Brunswick, d'une portion du
Hanovre, d'une partie des possessions prussiennes sur la rive gauche de l'Elbe. Des
contributions considérables furent impo-
sées à la Prusse. L'empereur de Russie
adhéra au système continental. La Suède
ayant continué les hostilités, la Poméranie
suédoise fut occupée par l'armée française.

Napoléon revint à Paris, le 27 juillet ;
il était alors à l'apogée de sa gloire ; vainqueur de la Russie, de l'Autriche, de la

Prusse, ayant pour alliés tous les autres états du continent européen, il pouvait s'en regarder comme le régulateur. Eh bien, c'est à cette époque la plus brillante de sa carrière, au moment où la France était joyeuse de la paix comme de la victoire, à peine arrivé dans la capitale, que cet ennemi de toute institution populaire, supprima le Tribunat, dernier débris de la liberté publique, et dont le nom seul irritait son despotisme. Par cet acte inique, il annonça qu'il ne voulait plus souffrir la moindre opposition en France.

Bonaparte empereur, et venant de supprimer le dernier refuge de la liberté mourante, ne pouvait plus être entouré de simples citoyens. A la nouvelle majesté il fallait une noblesse nouvelle; l'ancienne avait été solennellement abolie dans la mémorable nuit du 4 août. Devait-il cet ancien soldat de l'armée d'Italie faire revivre des distinctions oubliées depuis vingt ans? Il éleva à la dignité de Duc, les Grands Dignitaires, les Maréchaux, les Ministres; à celle de Comte, les Archevêques, les Sénateurs, les Conseillers-d'Etat, les Présidens des premières autorités; à celle de Baron, les Evêques, les Présidens des Cours Royales, les Maires des bonnes villes. Plusieurs anciens noblés changèrent leurs vieux titres contre des nouveaux ; des philosophes , des hommes de lettres qui avaient célébré les vertus républicaines acceptèrent des qualifications ; les majorats furent institués et cette égalité si analogue aux mœurs françaises fut anéantie.

Lorsque Bonaparte eut formé le dessein de revêtir de la pourpre royale tous les membres de sa famille et qu'il eut dit ces mots fameux , *dans dix ans ma dynastie sera la plus vieille de l'Europe* , on devait bien présumer que les trônes occupés par les Bourbons , devaient être les premiers renversés. Le jeune roi d'Etrurie fut obligé de céder la Toscane à la sœur de Bonaparte Eliza Bacciochi , et l'Espagne ne tarda point à ressentir les effets de cette ambitieuse politique.

Pour réussir plus sûrement dans ses projets , Napoléon fit entrer dans la péninsule une armée aux ordres du général Junot qui envahit le Portugal , les troupes d'élite de l'Espagne furent transportées dans le nord de l'Europe , et les principales forteresses de la Navarre et de la Catalogne occupées par des troupes françaises. A cette époque , éclatait la division que la politique de Bonaparte entretenait dans le sein de la famille royale d'Espagne , et l'on vit le fils détrôner le père, et le père venir se réfugier dans le sein d'un ami perfide qui les sacrifia tous les deux à son insatiable ambition. Cette perfidie qui n'a point d'exemple dans l'histoire, fut le premier pas que fit Napoléon vers cet abyme où vinrent s'engloutir toutes les conquêtes de la république et de l'empire. Le roi d'Espagne, le plus fidèle allié de la France depuis la paix de 1795; lui qui avait répondu à l'empereur de Russie en 1799, à l'époque de nos plus grands désastres, lorsqu'il le menaçait de lui déclarer la guerre s'il ne rompait son alliance avec la république française : *J'accepte la guerre* ; lui qui avait livré à la France son armée, ses flottes, ses trésors, et dont les royaumes d'Europe et des Indes s'alimentaient du produit des fabriques françaises ; ce roi malheureux et trop confiant se vit détrôner, son fils avec lui, son royaume envahi, ses peuples massacrés ; la nation française vit périr l'élite de ses armées, verser le plus pur sang de ses enfants, pour entretenir pendant cinq ans une guerre impie dont l'horrible résultat a été l'humiliation de la France, le triomphe de l'Angleterre et la ruine de la malheureuse Espagne.

Cette inconcevable trahison souleva les

Espagnols. Le 2 mai, à Madrid, une violente insurrection se manifesta, Murat la réprima par la mitraille; mais de représailles en représailles, la guerre prit un caractère de férocité digne des siècles de barbarie. Le général Dupont, forcé de capituler à Baylen, vit sa capitulation violée et ses soldats massacrés ou entassés sur les pontons de l'Angleterre; les Espagnols indignés immolaient partout les Français, et nos soldats furieux les vengeaient aussitôt dans le sang de leurs malheureux paysans. Le soulèvement général de l'Espagne, l'arrivée des armées anglaises, la capitulation de Junot en Portugal, forcèrent le roi Joseph qui avait cédé à Murat le trône de Naples pour occuper celui d'Espagne, à abandonner Madrid et à se retirer à Burgos.

Avant de venger l'affront que ses armes venaient de recevoir en Espagne, Napoléon s'assura dans les conférences d'Erfurt, de l'assentiment de l'empereur de Russie, et de la soumission des princes de l'Europe. Alors il dirigea une partie de la grande armée vers les Pyrénées, et entra lui-même en Espagne. Après avoir battu dans plusieurs batailles les diverses armées espagnoles, il s'empara de Madrid. Une armée anglaise, aux ordres du général Moore, s'étant avancée jusqu'à Valladolid, le maréchal Soult l'attaque, la poursuit jusqu'à la Corogne, où elle s'embarque après avoir perdu son général, dix mille hommes et dix mille chevaux. Saragosse après un siège des plus meurtriers se rendit au maréchal Lannes, et les autres maréchaux poursuivirent leurs conquêtes jusques au fond de l'Andalousie.

Cependant le peuple espagnol quoique vaincu, combattait toujours; d'innombrables petites armées connues sous le nom de *guérillas*, entretenaient une guerre sanglante.

Le cabinet de Vienne, alarmé de la politique cruelle de Napoléon à l'égard de l'Espagne, en redouta les conséquences, et profitant de l'embarras que lui donnait cette nation généreuse, il porta ses armées au grand complet. Alors, Bonaparte quitta la Péninsule et réorganisa ses armées d'Allemagne. L'Autriche crut le prévenir en attaquant la première; l'archiduc Charles pénétra en Bavière et l'archiduc Jean se porta sur l'Italie; mais il était difficile de surprendre Napoléon endormi. Le 9 avril 1809, l'armée autrichienne avait passé l'Inn, et le 16, celui-ci se trouvait à la tête de ses troupes, et les combats de Tann, d'Abensberg, de Landshut et la bataille d'Ekmühl, attestèrent encore

notre

notre supériorité militaire. Le 13, nos soldats victorieux entrèrent dans Vienne.

Le 22, se donna la terrible bataille d'Essling. Une partie de l'armée française avait passé le Danube sur trois ponts. Dès quatre heures du matin elle se trouva engagée. Massena, Lannes, Bessières, las de repousser les attaques réitérées de l'ennemi, se précipitent sur lui ; le centre des Autrichiens est enfoncé, les Français marchent en avant, et la victoire paraît décidée. A sept heures, une crûe subite du Danube enlève les ponts, des corps entiers sont retenus sur l'autre rive. Napoléon ordonne au duc de Montebello de rallentir son mouvement ; l'ennemi n'étant plus poursuivi, s'arrête, revient à la charge, et depuis neuf heures du matin jusqu'à sept heures du soir, fait des efforts inouis pour culbuter nos soldats, qui, dans un danger si imminent, prirent une attitude sublime : obligés de ménager leurs munitions, sans espérance d'en recevoir, ils résistèrent jusqu'à neuf heures du soir où cette lutte sanglante finit. L'armée effectua sa retraite sur l'île de Lobau. Si l'honneur demeura intact à Essling, les pertes furent considérables ; presque tous les carabiniers et la grosse cavalerie périrent, et les affreuses privations qu'éprouva l'armée renfermée dans l'île de Lobau causèrent non-seulement la mort de tous les blessés, mais encore d'un grand nombre de soldats. Le duc de Montebello ayant eu le genou fracassé, mourut des suites de cette blessure.

Le prince Eugène et le duc de Raguse firent leur jonction avec la grande armée. Celle d'Italie venait de vaincre aux combats de San Michele, de Tarvis, de Goritz, aux batailles de la Piave et de Raab. La réunion de ces armées victorieuses releva le courage de nos troupes et nous donna une attitude formidable.

Le 4 août, à deux heures après minuit, l'armée française protégée par une obscurité profonde, un violent orage et par les batteries qui brûlèrent l'infortunée ville d'Enzersdoff, traversa le Danube sur quatre ponts. Le 5, aux premiers rayons du soleil, elle se trouva en bataille sur l'extrémité de la gauche de l'ennemi, après avoir tourné tous les ouvrages retranchés. Massena attaqua Enzersdorff et en chassa les Autrichiens ; cette affaire ne fut que le sanglant prélude de la mémorable bataille de Wagram qui se donna le lendemain.

A la pointe du jour, les deux armées se mirent en mouvement ; la gauche de

l'armée autrichienne commandée par le
prince de Rosamberg se rencontrant avec
le corps du maréchal Davoust, donnèrent
le signal de la bataille ; les Français reje-
tèrent l'ennemi au-delà du Neusiedler.
Napoléon ordonne au général Macdonald
une attaque sur le centre de l'ennemi,
et la fait protéger par cent pièces d'artillerie ; le duc de Raguse, soutenu par les
grenadiers d'Oudinot, enlève Wagram ;
l'ennemi perd du terrain, le duc de Rivoli
l'attaque en tête ; à midi sa retraite
est prononcée ; mais il la fait avec ordre, le soir il est hors de vue. Les pertes des deux armées furent considérables ; notre armée composée en grande
partie de jeunes conscrits fit des prodiges.
C'est après cette importante victoire que
les généraux Macdonald et Oudinot reçurent le bâton de Maréchal.

Dans cette bataille périt le fameux
colonel Oudet, chef d'une association se-
crète contre Napoléon ; il succomba avec
vingt-deux de ses officiers, tous membres
de cette association, dans une embuscade,
que les mémoires du temps disent lui
avoir été tendue par son ennemi.

Le 12 juillet, un armistice fut signé ;
la paix ne tarda point à le suivre. Elle fut
conclue le 14 octobre 1809. La France

acquit l'Illyrie et l'Istrie et imposa à l'Autriche de nouvelles concessions de territoires en faveur de ses alliés et de l'Italie.

Les Anglais ayant tenté une expédition sur Anvers, s'emparèrent de Flessingue. Les prompts secours fournis par la Hollande, l'activité du maréchal Bernadotte firent échouer les plans des Anglais qui se retirèrent, après avoir perdu par la fièvre et les combats près de douze mille hommes.

Bonaparte voulant réunir les provinces romaines à son empire, fit au Saint-Père des propositions inadmissibles ; elles furent rejetées par le Sacré Collége. Comme elles n'étaient qu'un prétexte pour s'emparer des états de l'Eglise, une division française les occupa. Pie VII protesta contre cette invasion, ces protestations ne firent qu'irriter Napoléon. Les cardinaux les plus attachés au Souverain Pontife furent éloignés de sa personne, ses états réunis à l'empire par le décret du 17 mai 1809, et lui-même fut enlevé au milieu de la nuit dans son palais, conduit à Grenoble ; de là à Savonne et ensuite à Fontainebleau, où il resta comme prisonnier jusqu'en 1814.

Napoléon désirant consolider son vaste empire par la naissance d'un héritier et par une alliance avec une des plus ancien-

nes maisons de l'Europe, son épouse Joséphine ayant perdu tout espoir de fécon-
dité, divorça. Il obtint de l'Empereur d'Autriche la main de sa fille, Marie-Louise;
elle fut solennellement épousée le 11 mars
par le prince de Wagram, et le 2 avril,
Napoléon et sa nouvelle épouse firent une
entrée magnifique dans la capitale.

Le roi de Hollande, Louis Bonaparte,
refusant d'exercer sur son peuple un
despotisme aussi absolu que celui qui pe-
sait sur la France, fut mandé à Paris et
forcé de céder la partie méridionale de
son royaume. Peu satisfait de cette cession
Napoléon voulut encore occuper militaire-
ment ce royaume. Louis ne voulant point
souscrire à cette occupation, abdiqua en
faveur de ses enfants. Napoléon irrité de
cette abdication, réunit la Hollande à son
empire; peu de temps après, les villes an-
séatiques, le Lowembourg, le Hanovre
et le Valais furent également réunis à la
France.

Comme il fallait donner une organisation, même à la tyrannie, un décret trans-
forma six châteaux forts en six nouvelles
Bastilles, destinées à recevoir tous ceux qui
seraient frappés d'une lettre-de-cachet,
délibérée en conseil-privé sur le simple
rapport d'un ministre. Les victimes de ce

tribunal secret, une fois sous les verroux, non-seulement on pouvait leur refuser la faculté d'instruire leurs familles de leur sort ; mais après s'être saisi de leurs personnes, le décret permettait de séquestrer leurs biens; ou si, par grâce, on consentait à leur en laisser la disposition, elles n'en jouissaient que sous la surveillance et sous le bon plaisir du gouverneur.

Un décret sur l'imprimerie et la librairie acheva d'anéantir la liberté de la presse: les droits réunis avaient déjà été créés.

La naissance d'un fils, le 10 mars 1811, combla les vœux de Bonaparte. Il lui donna le titre de roi de Rome.

Pie VII ayant constamment refusé de donner l'institution canonique aux évêques nommés, Bonaparte convoqua à Paris, un concile des archevêques et évêques des églises de France et d'Italie. La première session s'ouvrit le 17 juin 1811; M. de Boulogne, évêque de Troyes, y prononça un discours éloquent. Le concile par sa profession de foi, opposa une noble résistance aux projets de Napoléon, qui en ordonna aussitôt la dissolution, après avoir fait conduire au donjon de Vincennes, les prélats qui s'y étaient distingués par leur attachement aux saines doctrines. Puisse l'église gallicane persévérer dans cet accord sublime et ne plus être divisée par ces querelles religieuses qui vers le commencement du dernier siècle en troublèrent la paix et dont les suites funestes furent le triomphe des ennemis de toute religion.

Le code d'instruction criminelle et le code pénal avaient été promulgués ; ce dernier se ressentait de la tendance toujours croissante du gouvernement vers le despotisme.

La révolution qui avait forcé Gustave à abdiquer le trône de Suède, y porta le général Bernadotte. Il fut reconnu prince royal héréditaire par les états. Napoléon en consentant à l'élévation de son ancien compagnon d'armes , ne dissimula point qu'il en redoutait les suites.

Une conscription de cent vingt mille hommes, décrétée le 22 décembre 1811, dans le moment où Bonaparte ne faisait la guerre qu'aux guerillas espagnoles, alarma la France et fixa l'attention de l'Europe. Depuis l'envahissement de l'Espagne, la conscription n'était plus une levée d'un certain nombre d'hommes, fixée par la loi, c'était un code infernal qui dévorait les générations entières , qui remontait vers l'enfance et descendait vers la vieillesse. On avait fini par prendre sans compter ; le réformé, le remplacé étaient repris ; tel fils d'un pauvre artisan, racheté trois fois au prix de la fortune entière de son malheureux père, était obligé de s'en séparer pour toujours et de le laisser en proie à la détresse, dont il était la cause involontaire ; des colonnes mobiles de la gendarmerie impériale parcouraient nos provinces comme un pays ennemi ; l'infortuné père de famille pour ne pas être ruiné par des garnisaires était forcé de livrer lui-même son propre fils ; une horrible solidarité s'étendait aux parens les plus éloignés, et le dernier numéro de la liste du tirage était sans espérance comme le premier.

La réunion d'une armée considérable sur les bords de la Vistule, apprit à la France que l'alliance entre Alexandre et Napoléon n'existait plus, et qu'une guerre terrible était sur le point d'éclater entre les deux grands empires. Bonaparte se rendit à Dresde, l'empereur d'Autriche, le roi de Prusse, les autres souverains de l'Allemagne s'y trouvèrent. Cette entrevue fut l'époque de la plus haute puissance de Napoléon ; de même qu'à Erfurt, il y parut comme le roi des rois.

Avant de porter la guerre en Russie, Bonaparte, par un sénatus-consulte or-

ganisa la garde nationale de l'empire
en premier , second et troisième ban.
Cent cohortes du premier ban d'environ
douze cents hommes, et formées des hommes de vingt à vingt-six ans , furent levées
et mises à la disposition du ministre de la
guerre. Elles furent destinées à garder les
places fortes et à repousser toute invasion
de la part de l'ennemi.

Napoléon quitta Dresde. Le 21 juin
1812, il était à son quartier-général de
Willowiski, à la tête de son armée; elle
était forte de quatre cent mille hommes
d'infanterie, de soixante et dix mille cavaliers et de mille bouches à feu; dans cette
armée, la plus belle, la plus formidable et
la plus aguerrie qui se fût jamais rassemblée sous le commandement d'un seul
homme, étaient compris pour un quart les
divers contingents des souverains alliés de
Bonaparte. Après quelques négociations
qui n'eurent aucun résultat favorable ,
l'armée entra sur le territoire russe. Elle
occupa Wilna le 28 juin.

Les Lithuaniens accueillirent les Français avec un grand enthousiasme ; un
gouvernement provisoire composé de sept
des principaux seigneurs du pays fut chargé
de son administration ; les Polonais cru-
rent toucher à l'heure de leur indépen-

dance. La diète de Varsovie, constituée en confédération générale, donna le signal de la liberté en proclamant le rétablissement du royaume de Pologne. Mais Napoléon lui-même éteignit ce beau feu, en répondant à la députation de la diète qu'il avait garanti à l'empereur d'Autriche l'intégrité de ses domaines, et qu'il ne pouvait sanctionner aucun mouvement qui troublerait la paisible possession de ses provinces polonaises.

Cette réponse de Napoléon fut une grande faute, elle fit douter de sa puissance et l'on tira de funestes présages du succès de son expédition. En effet, si avant de porter ses armes jusques au fond de la Russie, il eût organisé ce beau royaume, il aurait placé une jeune et florissante monarchie, une nation vaillante, nombreuse et reconnaissante entre la Russie et ses alliés, et alors aidé d'une nouvelle armée accoutumée aux frimats, il aurait abattu le colosse du nord.

Cependant l'armée marchait en avant, les combats d'Ostrowno, de Mohilow, de la Drissa lui acquirent une nouvelle gloire; et malgré la disette qu'éprouvaient nos soldats, disette affreuse qui les portait au désespoir, à des excès envers les habitants, et qui par les maladies qu'elle causa dimi-

nua dans moins d'un mois l'armée d'un
tiers, elle continua sa marche victorieuse,
et après une bataille des plus sanglantes,
elle entra, le 16 août, triomphante dans
Smolensk, que les Russes lui abandonnèrent après l'avoir incendié.

Cette guerre prenait un caractère affreux, l'ame de Napoléon en fut troublée ;
les Russes fuyaient, mais ce n'était qu'a-
près les combats les plus sanglants. Leur
retraite semblait calculée, elle se faisait
lentement, et en se retirant ils brûlaient,
détruisaient tout et se fesaient suivre par
la population entière. Ainsi, nos soldats
après avoir marché ou combattu pendant
tout le jour, arrivaient exténués par la fatigue et la faim, dans des villages déserts
et fumants. Nos généraux, qu'on voyait
dans les combats prodiguer leur vie et
qui donnaient à leurs corps l'exemple d'un
rare dévouement et du plus brillant héroïsme, ne cessaient de répéter dans le conseil
que le seul parti qui restait pour sauver les
restes de cette belle armée était de la can-
tonner en Pologne. Napoléon lui-même
avait dit : « La guerre de Russie est une
guerre de trois ans, 1813 nous verra à
Moscou, 1814 à Pétersbourg. » Cependant
après quelques jours d'indécision, il ordonna de marcher sur Moscou.

On avait battu les Russes à Valentina. L'armée entra le 28 août dans Viazma. L'ennemi avait abandonné cette ville après y avoir mis le feu. La population entière avait fui vers Moscou, le nombre des malheureux qui refluait vers cette capitale s'élevait déjà à plus de quinze cent mille. Nos troupes pressées par des besoins de tout genre et plus encore par l'espérance d'atteindre bientôt Moscou où elles croyaient trouver l'abondance et le repos, poursuivaient leur marche avec la plus grande activité. Le 4 septembre, elles rencontrèrent l'armée russe dans une forte position, et paraissant déterminée à accepter la bataille. Le 5 septembre, la division Compans enleva une redoute qui couvrait la gauche de l'ennemi. Le 6, l'armée se prépara à la sanglante et terrible bataille de la Moscowa.

A six heures du matin, l'artillerie donna le signal du combat; les efforts de nos colonnes se dirigèrent sur la gauche des Russes qui fut tournée par le corps de Davoust et de Poniatowski. Notre gauche, sous les ordres du prince Eugène, enlève le village de Borodino à la bayonnette; le maréchal Ney s'élance sur le centre de l'ennemi, l'affaire devient générale et mille pièces de canon de part et d'autre vomirent

rent la mort avec un épouvantable fracas.
Après deux heures d'un combat des plus
opiniâtres, les Russes furent enfoncés et
deux de leurs redoutes enlevées. Cependant
leurs formidables masses semblaient n'avoir
reculé que pour revenir à la charge avec
une nouvelle furie, elles se reforment et
s'avancent en colonnes serrées pour reprendre leurs retranchements, mais écrasés par la mitraille de trois cents bouches
à feu, ils abandonnent le champ de bataille couvert de leurs morts.

Leurs positions de droite venaient d'être
emportées par le général Morand; mais
forcé de céder à des forces supérieures, il
en fut chassé. Enhardis par ce succès, et
soutenus par leurs réserves et leur garde impériale, les Russes se précipitent sur notre
centre, des troupes fraîches et quatre-
vingts bouches à feu les contiennent. Ne
pouvant avancer, ne voulant pas reculer,
ils restent immobiles sous le feu meurtrier
de notre artillerie; le roi de Naples profite de leur incertitude et les charge avec
toute la cavalerie. La réussite de cette
charge fut complète, elle acheva la victoire, néanmoins le canon ne cessa pas de
tirer bien avant dans la nuit et de frapper
de nouvelles victimes. Cette victoire, l'une
des plus sanglantes de notre temps, coûta

.aux deux armées près de quatre-vingt mille hommes. Nos soldats y firent des prodiges ; mais nous eûmes à déplorer la mort de plusieurs célèbres officiers. Il n'y eut pas un corps qui n'eût à regretter un ou plusieurs de ses valeureux chefs.

Le lendemain l'armée s'empara de Mo-jaïsk , et le 14 elle parut devant Moscou. À l'aspect de cette grande cité , il n'y eut pas un Français qui n'éprouvât un senti-ment de joie et d'orgueil. Ils se trouvaient devant Moscou , devant cet objet de tous leurs vœux et de leurs espérances , devant cette ville où ils croyaient trouver le repos et terminer leur glorieuse expédition. Aussi toute l'armée la salua par des acclamations en s'écriant : Moscou ! Moscou ! Moscou !

Le 14 , l'armée entra dans Moscou ; elle trouva cette ville déserte et le vaste bâti-ment de la bourse incendié. Trois ou quatre mille hommes voulurent défendre le château impérial du Kremlin , ils en furent chassés par Murat. Bonaparte y établit sa résidence. Les soldats se logèrent dans les maisons abandonnées , y cher-chèrent des vivres et chacun ayant pris ses logements , on se livra avec la plus grande sécurité à ce repos désiré depuis si long-temps. Vers minuit , la plupart sont réveillés par des clameurs sinistres :

des incendies partiels avaient éclaté de toutes parts. Dans la journée du 15 , le duc de Trévise , gouverneur de la ville , parvint à se rendre maître du feu ; mais dès que les ténèbres eurent enveloppé de leur ombre cette immense cité , de nouveaux incendies se renouvelèrent de tous les côtés ; l'embrâsement se déclara en plus de mille endroits et envahit presque à la fois tous les quartiers. On vit les incendiaires du haut des clochers lancer des fusées , et parcourir la ville armés de torches et propageant l'incendie.

Le sacrifice que les Russes venaient de faire de leur capitale , d'une ville qu'ils regardaient comme sacrée , qu'ils appelaient la sainte, donna une haute idée de leur patriotisme , et Bonaparte prévoyant les maux qu'une si terrible détermination devait occasionner à son armée , ne put s'empêcher de dire après avoir considéré ce vaste embrâsement : *Ceci nous présage de grands malheurs.*

Pour exécuter un si grand sacrifice, dix mille forçats furent rendus à la liberté , et après avoir été armés de fusées incendiaires, de lances goudronnées, ils en acquittèrent le prix par la destruction et l'embrâsement de leur cité sainte.

L'incendie cessa le 20 septembre. Napoléon qui avait quitté le Kremlin, y rentra, et s'y fixa pour le malheur de son armée. Il se flatta que les Russes lui feraient des propositions de paix ; il se refusa aux instances de ses généraux qui voulaient quitter cette ville désolée pour attaquer Kutusoff, dont l'armée n'avait encore reçu aucun renfort, marcher sur Kalouga, le grenier de la Russie, et retourner en Pologne par une route plus méridionale qui traversait des provinces que les ravages de la guerre n'avaient pas encore dévastées. Mais la fatale incertitude de leur chef mit le comble à leurs infortunes. « Il veut, dit-il, donner le temps à ses troupes de se reposer, leur faire recueillir les restes de Moscou. Il a écrit à Alexandre; dans huit jours sa réponse arrivera, alors il prendra sa résolution. »

Nos soldats considérant que l'incendie a légitimé le pillage, s'y livrent, mais avec ordre; chaque corps en profite à son tour. Les débris que les flammes ont épargnés sont encore considérables ; l'or, l'argent, les bijoux, les étoffes précieuses, les liqueurs, les denrées coloniales, des marchandises de toute espèce, tout était à profusion, excepté néanmoins ce qui aurait pu servir à la nourriture et à l'habillement de nos troupes nues et affamées.

L'hiver approchant, les Russes se refusant à la paix, leur armée se grossissant tous les jours par l'arrivée d'innombrables recrues, la nôtre s'affaiblissant par les maladies, les privations et les combats continuels, il fallut songer à la retraite. Le 9 octobre, Bonaparte quitta Moscou. Son armée se mit en marche sur Kalouga. Mortier, après avoir fait évacuer tous les blessés, fit sauter le Kremlin, et se réunit à l'armée à Vereja. Le 24, le prince Eugène battit Kutusoff à Malo-Jaroslavetz : cette affaire fut glorieuse pour l'armée d'Italie. Si l'armée entière avait attaqué les Russes après cette victoire, et qu'elle eût continué sa route vers le sud-ouest, notre marche aurait été moins inquiétée; le froid dans des pays plus méridionaux aurait eu moins d'intensité, et les pays fertiles que nous aurions parcourus auraient nourri notre armée; mais Bonaparte, au lieu d'achever la défaite des Russes, se refuse aux conseils de ses généraux, aux instances du roi de Naples; il ordonne de retrograder vers le nord, et cette funeste détermination ouvre un vaste tombeau à notre valeureuse armée.

Cette belle armée formait une colonne de cent quarante mille hommes : cent mille combattants marchaient à la tête de

cinq cents pièces de canon et deux mille
voitures d'artillerie ; ils étaient suivis par
une foule d'hommes de toutes les nations,
des familles françaises qui, après avoir
long-temps habité Moscou, fuyaient la
haine des Russes, des filles moscovites cap-
tives volontaires. Ce mélange confus d'hommes parlant toutes sortes de langues, cette
confusion de riches voitures, de caissons,
de calêches, de charriots de toute espèce,
ces trophées, ce butin immense ressem-
blaient à une de ces armées de l'anti-
quité qui, après avoir ravagé un pays ennemi, revenait chargée des dépouilles
des vaincus.

Elle arriva le 28 à Mojaïsk ; à quelques
lieues de là elle retrouve le champ de la
grande bataille encore recouvert de tous
ses débris et de tous ses morts; elle le traverse triste et silencieuse; elle y abandonne
deux hôpitaux remplis de ses blessés. A
Giatz, elle rencontra les cadavres de deux
mille prisonniers, victimes de la cruelle
politique de Jaffa. Caulincourt s'indigna
de ce crime. Il ne se renouvela plus. A
Wiasma, le 5 novembre, pour s'ouvrir un
passage au travers de l'ennemi, il fallut
une nouvelle victoire. Le 9, l'armée arriva
à Smolensk, mais dans une position désastreuse. L'âpreté de la saison, la famine,

les fatigues , les maladies décourageaient
nos braves soldats , qui , ne pouvant plus
supporter des maux au-dessus des forces
humaines , se débandaient, jetaient leurs
armes dont ils ne pouvaient plus soutenir
le poids , et périssaient par milliers , de
faim , de misère et de froid.

L'indiscipline, l'égoïsme vinrent ajouter
à ces malheurs ; à Smolensk les magasins
furent pillés , et ce qui aurait nourri plusieurs jours l'armée , fut dévasté en quelques heures. Des milliers de chevaux
avaient déjà péri, la cavalerie était à pied ,
l'artillerie sans attelage et il fallut abandonner ou détruire la plus grande partie
des munitions , des bagages et des transports de l'artillerie. A peine les chevaux
tombaient épuisés, que des soldats affamés
se jetaient sur ces animaux , les dépé-
çaient encore tout vivants ; et puis sur des
feux faits des débris de leurs voitures , ils
grillaient ces chairs et les dévoraient encore
sanglantes.

Ce n'est pas dans un précis si rapide que
l'on peut retracer les maux inouis dont
nos braves et infortunés soldats furent les
victimes. J'emprunterai cependant quelques traits d'un écrit de cette époque.

« Quel grand et déplorable spectacle
que celui de l'agonie de quatre cent mille

guerriers ! Est-il des expressions assez tou-
chantes, assez énergiques, pour faire sentir les angoisses de ces pâles soldats qui,
sortant tout-à-coup de leurs rangs avec un
rire convulsif, s'agitaient un instant,
poussaient des cris étouffés, et tombaient
au milieu de leurs compagnons qui passaient avec indifférence.

« Dans cette mémorable campagne, faute
de charpie, on pansait les blessés avec du
foin. Le foin manqua, ils moururent. On
vit errer six cent mille guerriers vainqueurs de l'Europe, la gloire de la France;
on les vit errer parmi les neiges et les déserts, s'appuyant sur des branches de pin,
car ils n'avaient pas la force de porter
leurs armes, et couverts, pour tout vête-
ment, de la peau sanglante des chevaux
qui avaient servi à leur dernier repas. De
vieux capitaines, les cheveux et la barbe
hérissés de glaçons, s'abaissaient jusqu'à
caresser le soldat à qui il était resté quelque
nourriture, pour en obtenir une chétive
partie, tant ils éprouvaient les tourments
de la faim ! Des escadrons entiers, hommes et chevaux, étaient gelés pendant la
nuit; et le matin on voyait encore ces fan-
tômes debout au milieu des frimats. Les
seuls témoins des souffrances de nos soldats dans ces solitudes étaient des bandes

de corbeaux , et des meutes de levriers
blancs demi-sauvages, qui suivaient notre
armée, pour en dévorer les débris.

« Si l'on pouvait recueillir toutes les scè-
nes affreuses de cette sanglante tragédie,
on croirait qu'elles sont l'ouvrage d'une
sombre imagination. Des militaires d'une
bravoure éprouvée versaient des larmes
comme des enfants, plusieurs se brûlaient
la cervelle; un plus grand nombre refusaient de marcher, espérant être faits prisonniers. On craignait de s'arrêter un instant, pour donner du secours à son ami,
à son frère. On vit des soldats dépouiller
leurs camarades aussitôt qu'ils éprouvaient
ce rire convulsif qui était l'avant-coureur
de leur mort. Enfin de malheureux Français, poussés par la rage ou par la faim ,
avaient dévoré leurs poings avant de
mourir.

« L'égoïsme était devenu le plus grand
de leurs maux ; point de secours à espérer
de cette foule d'hommes qui ne marchait
que pour prolonger ses douleurs, qui ne
s'arrêtait que pour mourir. Toutes les ames
étaient abattues, tous les sentiments éteints,
ou pour mieux dire, le malheur était
resté sans témoins; il n'y avait plus que
des victimes.

« Mais, à l'heure où des bataillons en-

tiers restaient immobiles et glacés au milieu des déserts , d'autres infortunés s'éga-
raient, isolés dans ces vastes solitudes.
Heureux , lorsque le hasard les faisait ren-
contrer ces longues lignes de morts qui
attestaient le passage de l'armée ! ils se gui-
daient par leurs traces sanglantes , et ne
périssaient que lorsque cet horrible secours venait à leur manquer. Hélas ! combien d'adieux ne furent pas entendus !
combien de larmes ne furent pas essuyées ! »

Depuis notre départ de Smolensk , de
nouveaux prodiges de bravoure et de dévouement , vinrent , dans les combats
journaliers qu'il fallait soutenir contre des
forces dix fois supérieures , ajouter à notre gloire militaire ; mais l'affaiblissement
de l'armée , l'abandon que nous fesions
journellement d'hommes et de chevaux ,
les pertes considérables que nous éprou-
vions aux passages des rivières et notam-
ment à celui de la Bérézina , le climat
d'airain sous lequel nous succombions en
masse , détruisirent tellement nos malheureuses troupes , que lorsqu'elles parvinrent
à Wilna , elles n'étaient plus qu'un fantôme
d'armée ; et si quelques débris arrivèrent
dans cette capitale de la Lithuanie , ce n'est
que parce qu'ils furent recueillis au passage de la Bérésina par les corps de Victor

et d'Oudinot, qui se sacrifièrent pour en sauver les derniers restes.

A peine trente mille hommes de cette nombreuse et brillante armée revirent Wilna. A deux journées de cette ville, à Smorgoni, le 5 décembre, Napoléon prit la résolution d'abandonner les braves qui dans leur malheur espéraient encore en sa fortune. Il partit sur un traîneau, accompagné de Caulincourt, Duroc et Lobau, laissant le commandement de son armée à Murat. Il passa par Varsovie, arriva le 14 à Dresde, où il vit le roi de Saxe, repartit immédiatement, quitta son traîneau à Erfurt, et entra aux Tuileries le 19 à minuit, deux jours après la publication du vingt-neuvième bulletin qui plongea la France dans la plus profonde consternation.

Pendant sa longue absence de la capitale, une conspiration ourdie à l'ombre d'une prison, fut sur le point de renverser son gouvernement. Le général Mallet, après s'être évadé de sa prison, se joignit aux généraux Lahorie et Guidal; ils gagnèrent plusieurs officiers de la 10.me cohorte, et de divers corps en garnison à Paris, et s'emparèrent dans la nuit du 22 au 23 octobre des différens postes de la capitale. Ils arrêtèrent le ministre et le préfet de police, blessèrent grièvement le général Hullin commandant la place ; ils répandirent le bruit que Bonaparte était mort et fabriquèrent un faux sénatus-consulte qui abolissait le gouvernement impérial ; mais ayant négligé de faire publier leur prétendu sénatus-consulte, et de le faire appuyer par le bourdon de Notre-Dame qui aurait soulevé l'immense population de la capitale, la garde de Marie-Louise prit les armes, les postes occupés par les soldats des conjurés furent relevés, eux-mêmes arrêtés, et le 19 octobre ils furent fusillés au nombre de douze. Ils marchèrent à la mort avec un courage héroïque.

A peine Bonaparte fut arrivé à Paris, que les premières autorités furent le complimenter de ce qu'il n'avait pas désespéré de la France ; mais Napoléon à qui la conspiration de Mallet avait donné de l'ombrage contre l'esprit de liberté qui vivait en France comme un feu caché sous la cendre, ne répondit à ces félicitations que par des déclamations contre les idées libérales.

« Ces erreurs, dit-il, ont amené le ré-
» gime des hommes de sang; en effet, qui
» a proclamé le principe d'insurrection
» comme un devoir ? qui a adulé le peu-
» ple, en le proclamant à une souverai-
» neté qu'il était incapable d'exercer ? qui
» a

» a détruit la sainteté et le respect des
» lois en les faisant dépendre d'une as-
» semblée composée d'hommes étrangers
» à la connaissance des lois civiles, crimi-
» nelles, administratives et militaires ? »
Ces paroles étaient des vérités ; mais la
destruction entière de quatre cent mille
de ses enfants, fit rappeler à la France
qu'elles étaient déplacées dans la bouche
de l'homme du 13 vendémiaire.

Pendant que Napoléon tonne au conseil
d'état contre l'idéologie, qu'il veut faire
reculer la révolution, qu'il demande des
institutions monarchiques pures et sans
mélange d'institutions constitutionnelles,
qu'il traite de chimères les droits les plus
sacrés du peuple, on lit ces phrases remar-
quables dans une proclamation du général
russe Wittgenstein :

« Allemands, nous vous ouvrons nos
» rangs, vous y trouverez le fils du labou-
» reur placé à côté du fils du prince.
» Toute distinction de rang est effacée
» par ces grandes idées : le roi, la liberté,
» l'honneur et la patrie. Entre nous, il
» n'y a plus d'autre distinction que celle
» du talent et de l'ardeur avec laquelle on
» vole au combat pour la cause sacrée. La
» liberté ou la mort ! »

Dès que les hommes clairvoyants virent

que d'un côté on offrait aux peuples l'a-
morce séduisante de la liberté, tandis que
de l'autre on resserrait encore davantage
les liens d'une nation généreuse qui sacrifiait sans murmure tous ses enfants à l'insatiable ambition de son chef, ils prévi-
rent les malheurs qui allaient fondre sur
notre malheureuse patrie.

Dans cette campagne de Russie où les
plus grandes calamités n'avaient rien ôté à
notre gloire, où les maréchaux Oudinot,
Victor, Macdonald, Gouvion-Saint-Cyr,
par des victoires brillantes, avaient main-
tenu l'honneur de nos armées et n'avaient
pas encore perdu un pouce de terrain,
lorsque les débris de la grande armée arrivèrent en Lithuanie; le plus puissant
auxiliaire des Russes fut leur redoutable
hiver. Ce fut lui qui, dès notre arrivée à
Wilna, redoublant d'intensité, acheva de
porter le découragement et la mort dans
nos rangs éclaircis; vainement l'intrépide
Ney qui commandait l'arrière-garde, pro-
tégea notre retraite de son grand courage;
il fallut fuir. La défection des Prussiens
vint ajouter à nos désastres. Le roi de Naples ayant abandonné l'armée, le prince
Eugène la ramena sur les rives de l'Elbe.

Ces grands malheurs ne rallentirent
point la prodigieuse activité de Napoléon.

Le corps législatif mit à sa disposition tous les biens des communes. Le sénat lui livre le 10 janvier la levée de 1813, portée à trois cent cinquante mille hommes, en y comprenant des levées faites sur les classes antérieures, de 1814 de cent quatre-vingt mille hommes ; les cent cohortes de garde nationale, deviennent troupes de ligne, et quarante mille vieux canonniers de marine doivent donner à ces jeunes soldats l'exemple de la discipline, du courage et des habitudes militaires. L'organisation de dix mille gardes d'honneur entra pour mesure politique dans ses préparatifs, et sembla prendre les fils comme ôtages de la conduite des pères.

Nos armées étant victorieuses en Espagne, le roi Joseph était rentré à Madrid ; Wellington repoussé en Portugal et Suchet maître du royaume de Valence, plusieurs divisions des armées de la Péninsule vinrent renforcer celle d'Allemagne.

A nos ennemis s'est joint le roi de Suède. L'Autriche elle-même chancelle. Napoléon, pour la maintenir dans la neutralité et lui donner une preuve de sa déférence, institue Marie-Louise régente de l'empire.

Cependant l'heure des combats est encore arrivée ; nos troupes attaquées sur l'Elbe par des forces supérieures, en cèdent le passage aux ennemis. Bonaparte part de Paris le 15 avril ; le 24 il était à Mayence et le 26 à Erfurt. Tous les corps d'armée se concentrent. Un premier avantage à Weissenfelds enflamme l'ardeur de nos soldats. Le 1.er mai, à Poserna, nous repoussons l'ennemi ; mais nous perdons le brave duc d'Istrie, enlevé par un boulet. Le 2, notre armée en marche sur Leipsick, rencontre à Lutzen l'armée alliée, qui débouche tout entière de Pégau ; une épouvantable canonnade se fait entendre ; ils attaquent le prince de la Moskowa. Quatre-vingts pièces de canon dirigées par Napoléon, volent à son secours. « C'est, dit-il, une bataille d'Egypte, l'artillerie et notre jeune infanterie suffiront pour vaincre. » Il arrive à temps ; nous reprenons le village de Kaya. Le duc de Raguse, à la tête des vieux marins, soutient glorieusement le choc de vingt-cinq mille hommes de cavalerie. L'acharnement est sans exemple, la crise terrible, pendant quatre heures les efforts de l'ennemi sont inouïs ; enfin on aperçoit les premiers feux de Bertrand qui attaque sa gauche, tandis qu'au même moment le prince Eugène et le duc de Tarente l'abordent à sa droite. Prévoyant le danger qui les menace, les alliés redoublent d'efforts et enlèvent le village de Kaya ; notre centre fléchit, ils se croient triomphants ; mais la jeune garde arrive, elle reprend Kaya, enlève leurs positions et l'ennemi craignant d'être tourné, nous abandonne le champ de bataille. La victoire nous conduit en six jours à Dresde. Le roi de Saxe, qui s'était réfugié en Bohême, rentra dans sa capitale. Le prince Eugène, obligé de retourner en Italie pour observer les mouvements de l'Autriche, se sépara de Napoléon.

L'armée française continuait de poursuivre l'ennemi, elle l'atteint à Bautzen. Bonaparte propose un armistice, il est refusé. Le 20 mai il ordonne devant l'armée alliée le passage de la Sprée ; vainement Moradowitch veut y mettre opposition ; à midi, le passage est effectué et la ville de Bautzen enlevée : nos troupes franchissent les hauteurs de Nider-Kayna, couronnant les sommités des montagnes, et les ennemis se réfugient dans leur camp retranché. Cette bataille de Bautzen, un de nos plus beaux faits d'armes, n'est que le prélude de celle de Wurtchen qui eut lieu le lendemain.

A cinq heures du matin la canonnade recommence, tous les efforts de l'ennemi se dirigent contre les ducs de Tarente et de Reggio, qui les contenaient pendant que

Raguse en attaque le centre et que Ney est aux prises avec leur droite ; ses efforts semblent un moment couronnés de succès, notre gauche est repoussée jusques sur les bords de la Sprée ; le prince de la Moskowa, après avoir enlevé le village de Preititz, est obligé de l'abandonner. Napoléon profite de ce que l'ennemi a dégarni son centre pour reprendre Preititz. Soult, à la tête de la réserve, se jette sur ses lignes, les enfonce, Preititz est repris, les hauteurs de Kreckwitz sont enlevées, les colonnes des ducs de Raguse et de Dalmatie pénètrent dans le camp retranché, il est envahi, l'ennemi fuit ; mais sa nombreuse cavalerie protège sa retraite.

Le 22, le grand maréchal du palais, Duroc, fut tué à la suite d'un combat que l'arrière-garde ennemie soutint pour couvrir la retraite. Nous poursuivîmes les alliés en Luzace et en Silésie ; nous entrâmes à Breslaw le 1.er juin. Un de nos corps était aux portes de Berlin, les armées russes et prussiennes découragées étaient sur le point de repasser l'Oder et la Vistule, quand l'Autriche intervenant dans les affaires, un armistice fut signé : il devait durer jusqu'au 20 juillet ; mais il fut ensuite prolongé jusqu'au 16 août.

Cet armistice qui devait amener la paix,

ne fut qu'une suspension d'armes pour mieux se préparer à la guerre. L'Autriche, qui fesait déjà cause commune avec la Prusse et la Russie, se présenta comme médiatrice et demanda la cession des provinces Illyriennes, l'évacuation de la Hollande et de la 32.me division militaire, la renonciation de Napoléon au protectorat de la confédération du Rhin. Mais Bonaparte, ébloui par les succès qu'il venait d'obtenir et persuadé que la victoire resterait fidèle à ses drapeaux, rejeta ces propositions ; le congrès qui s'était réuni à Prague fut dissout, l'Autriche déclara la guerre à la France, et le 14 août les hostilités recommencèrent.

Bonaparte est parvenu à rassembler trois cent mille hommes ; mais il n'a que quarante mille chevaux de nouvelles levées ; on lui oppose cinq cent mille bayonnettes et cent mille cavaliers. C'est avec une si grande disproportion de forces qu'il veut encore maintenir sa prépondérance sur l'Europe. Cependant ce génie actif ne se laisse point abattre. L'Autriche venait de joindre ses nombreux soldats aux armées alliées ; le prince royal de Suède commandait l'armée qui couvrait Berlin et y avait amené ses bataillons suédois. Le 14 août, deux jours avant la fin de l'armistice, Blucher marche sur Breslau, surprend nos troupes et les force à la retraite; mais il s'arrête en présence de Napoléon qui arrive de Dresde, et à son tour il recule. Pendant qu'on est aux prises en Silésie, la grande armée russe et autrichienne se porte sur Dresde; cette ville, le pivot des opérations de l'armée française, l'appui de sa retraite est sur le point de succomber. Napoléon retourne en toute hate; 60,000 hommes font 40 lieues en 4 jours, et Dresde est sauvé. Une bataille se donne sous ses murs, nous la gagnons. Le général Moreau, qui était revenu de l'Amérique pour diriger les mouvements des armées alliées, a les jambes emportées par un boulet à côté de l'empereur Alexandre; il meurt.

Le général Vandamme, qui avait manœuvré sur les derrières de l'ennemi pour lui couper la retraite, ne put résister au choc d'une armée de cent mille hommes, après avoir perdu presque tout son corps dans un combat glorieux, il fut fait prisonnier. Ce malheur amena de nouveaux désastres; partout où Napoléon n'était pas en personne nos soldats étaient écrasés; Bernadotte repoussa nos troupes qui s'approchaient de Berlin; Blucher nous fesait éprouver des pertes considérables en Silésie; mais Davoust maintenait encore sa position de Hambourg avec les Danois qui étaient restés fidèles à notre alliance.

Nous n'avions à opposer à des armées deux fois plus nombreuses que de jeunes soldats pleins de valeur, mais sans expérience. Nos anciens alliés, la Bavière, le Wurtemberg, Bade nous abandonnèrent et leurs bataillons passèrent dans les rangs ennemis. Après avoir perdu l'élite de nos troupes dans des combats multipliés où le génie et le courage ne pouvaient plus lutter contre la supériorité du nombre, la défection de nos alliés et le soulèvement général de tous les peuples de l'Allemagne, nos armées se concentrèrent à Leipsick, et tentèrent un dernier effort. Elles étaient fortes de 150,000 hommes. Le 15 octobre, elles furent attaquées par les armées ennemies, dont les forces s'élevaient à plus de 350,000 combattants; on se battit tout le jour avec des avantages variés et avec le plus grand acharnement; nous restâmes maîtres du champ de bataille. Le 18, les alliés ayant reçu de nombreux renforts, revinrent à la charge, une seconde bataille encore plus meurtrière se donna; les efforts des ennemis, pour nous accabler par leur nombre et par leurs masses de cavalerie, furent inouis; ils trouvèrent partout la plus opiniâtre résistance; mais les

Saxons ayant, au milieu du combat, passé à l'ennemi, tourné leurs batteries contre nous, laissèrent une vide dans lequel les alliés se précipitèrent et écrasèrent une de nos divisions ; mais Bonaparte s'y étant de suite porté avec la cavalerie de la garde et vingt pièces d'artillerie, il rétablit le combat et nous couchâmes encore sur le champ de bataille.

Malgré cette trahison et l'immense supériorité du nombre, nous avions gardé nos lignes ; mais les munitions manquent, les dépôts d'Erfurt et de Magdebourg peuvent seuls réparer ce malheur, nous quittons ce champ de bataille où nous avons vaincu un contre trois. A peine l'ennemi s'aperçoit de notre mouvement de retraite, qu'il se porte sur Leipsick avec toutes ses masses. Dès le 19 au matin, les deux tiers de l'armée avaient déjà passé le grand pont de l'Elster, le seul passage qui pût assurer notre retraite, lorsqu'une effroyable explosion annonce qu'il a sauté, et que nous laissons à la merci de l'ennemi une grande partie de l'artillerie, une quantité considérable de nos équipages et une partie de notre armée. Le prince Poniatowski, blessé, voulant traverser l'Elster à la nage, y trouva son tombeau ; il le fut aussi d'un grand nombre de nos malheureux soldats.

Dès-lors notre retraite se fit avec la plus grande précipitation , surtout lorsqu'à Erfurt l'on apprit que l'armée bavaroise, réunie à un corps autrichien , accourait à marches forcées pour nous couper la retraite. Nous les rencontrâmes à Hanau ; ils étaient nombreux et occupaient de belles positions ; nous sentîmes le besoin de vaincre , ils furent attaqués avec la plus grande ardeur. Cinquante bouches à feu de la garde vomirent la mort dans leurs rangs et de vigoureuses charges de cavalerie achevèrent de les culbuter et les forcèrent à nous ouvrir la route de Francfort. Le lendemain leur général , le comte de Wrède , nous voyant en pleine retraite sur cette ville , voulut encore tenter le sort des combats ; mais cette seconde bataille lui fut encore plus funeste que la première , il y fut dangereusement blessé , et il perdit beaucoup de monde.

A peine 80,000 hommes de cette belle armée de plus de 300,000 combattants , improvisée dans moins de trois mois, repassèrent le Rhin. Les maladies pestilentielles de Torgau, de Mayence, nous firent autant de mal que le fer et le feu ; des milliers de trainards, d'hommes égarés tombèrent entre les mains de l'ennemi, et les garnisons des places fortes de la Vistule , de

l'Oder et de l'Elbe, après avoir opposé 1
plus glorieuse résistance, accablées par 1
famine et les maladies, succombèrent les
unes après les autres et capitulèrent hono-
rablement.

En Italie, malgré la défection des
Croates, le prince Eugène battit les Autrichiens à Bassano et à Caldiero, mais forcé
de se retirer devant des forces supérieures,
et craignant d'être pris en flanc par le roi
de Naples, qui avait, après la bataille de
Leipsick, abandonné son beau-frère pour
se joindre aux alliés, il repassa l'Adige.
Cette inconcevable conduite de Murat ne
permit pas au vice-roi de détacher une
partie de ses troupes pour venir au secours de la France envahie, et accéléra la
chûte de Napoléon.

Les nombreux soldats que Bonaparte
avait tirés de ses armées d'Espagne pour
les diriger sur l'Allemagne, les forces
considérables que les Anglais y débarquè-
rent, et l'exaltation patriotique produite
par nos désastres de Russie, qui en-
fanta de nouvelles armées espagnoles et
portugaises, changèrent la tournure de
nos affaires dans la Péninsule; nos ennemis
reprirent l'offensive, et nous perdîmes plusieurs batailles. Celle de Vittoria, où nous
abandonnâmes d'immenses trésors et toute

notre

notre artillerie, mit le comble à nos désastres ; nous fûmes forcés d'évacuer entièrement ce beau pays où nous avions
porté tous les genres de calamités.

A peine Bonaparte a repassé le Rhin ,
qu'il se rend en toute hâte à Paris pour
demander de nouveaux sacrifices à la
France. Il ne se dissimulait plus sa position ; son étoile pâlissait et il se voyait
placé entre la haine de l'Europe qui redoutait sa superbe domination , et l'esprit
de la nation qui voulait la paix et la liberté.
Lui, ne voulait ni de l'une ni de l'autre.
*On parle de paix , s'écriait-il au conseil-
d'état ; la paix, je n'entends que ce mot
paix, quand tout devrait retentir de cris
de guerre.* Il dissout et outrage le corps
législatif, parce que dans une adresse res-
pectueuse, mais pleine de force et de vérité, il lui a demandé *le maintien et
l'entière exécution des lois qui garantis-
sent aux citoyens le libre exercice de
leurs droits politiques.* Par de simples décrets, il lève des impôts, ordonne des levées, il dédaigne toutes les formes, il s'empare de la dictature, envoie des commissaires extraordinaires dans les départements
avec des pouvoirs illimités, et cherche
par les moyens les plus violents à relever
le courage d'une nation dont il a épuisé

la population et qu'il fatigue de son despotisme.

Cependant les alliés sont en France, leurs armées ont pénétré par Genève dont elles se sont emparées, par le Rhin qu'elles ont passé sur plusieurs points, par les Pyrénées qu'elles ont franchi. Les faibles débris de nos armées combattent encore ; leur résistance est courageuse, glorieuse, mais inutile. Le peuple est mécontent, le découragement est dans toutes les classes. Les quatre grandes puissances, la Russie, l'Autriche, la Prusse, l'Angleterre, par la déclaration de Francfort, séparent la cause de Napoléon de celle de la nation, en disant : *Qu'ils ne font point la guerre à la France ; mais à cette prépondérance qu'il a trop long-temps exercée hors des limites de son empire.*

Dans cet état de choses, Bonaparte crut conjurer l'orage en rendant son roi à l'Espagne, et le Saint Père à l'Europe catholique. Par cette tardive justice, il croyait calmer le ressentiment des Espagnols, se rendre agréable aux Italiens, et même aux Français, et applanir les difficultés du congrès qui allait s'ouvrir à Langres et qui fut ensuite transféré à Châtillon-sur-Seine.

Avant de se mettre à la tête de ses armées, Napoléon confirma la régence à son épouse, lui adjoignit son frère Joseph, sous le titre de lieutenant-général de l'empire, et ayant réuni tous les chefs de la garde nationale de Paris, il leur recommanda sa femme et son fils, dans un discours qui émut vivement tous les auditeurs et qui produisit une impression profonde sur les esprits.

Il quitta Paris le 2 janvier 1814 et porta son quartier-général à Châlons-sur-Marne. Le 27, il entra à Saint-Dizier et manœuvra pour empêcher la jonction de l'armée de Blucher avec Schwarzemberg. Le 29 il attaqua les Prussiens dans Brienne; une affaire des plus sanglantes s'engagea ; la nuit ne mit pas fin au combat ; les ennemis ne pouvant plus se maintenir dans la ville, y mirent le feu et se retirèrent à la faveur de l'incendie. Mais le lendemain ayant effectué, à la Rothière, leur jonction avec les Autrichiens, ils nous présentèrent la bataille. Nous étions 50,000 contre 80,000; notre armée se couvrit de gloire, mais n'ayant pu enlever la victoire, elle se retira sur Troyes.

Cependant le congrès s'ouvre à Châtillon, et Bonaparte que la perte de la bataille de la Rothière avait rendu plus pacifique, donne au duc de Vicence, son plénipotentiaire au congrès, *carte blanche pour traiter, afin*, dit-il, *de sauver la capitale et d'éviter une bataille où sont les dernières espérances de la nation.* Mais la Russie interrompt les négociations et ce n'est qu'au bout de dix jours qu'elles sont reprises.

Les alliés poursuivant leurs succès s'étaient mis en marche sur Paris. Le prince Schwarzemberg était à Sens et le maréchal Blucher aux portes de Meaux. Il n'y avait pas un moment à perdre, la victoire seule pouvait arrêter l'ennemi. La marche de flanc de Blucher présente à Bonaparte une occasion favorable ; il la saisit, il atteint l'ennemi dans la plaine de Champaubert que le maréchal Marmont enlève, il accule les Russes à un bois et à un lac, leur tue beaucoup de monde, leur fait 6000 prisonniers et les met en déroute. Le 11, il les bat encore à Montmirail, le 12 à Château-Thierri, et la bataille de Vauchamp qu'il gagna le 13, acheva de déconcerter les plans des alliés, et les éloigna de la capitale. C'est alors que croyant avoir repris cette supériorité et cet ascendant qui lui ont valu la conquête de l'Italie et de l'Allemagne, il refuse un armistice au général en chef de l'armée autrichienne, la paix aux instances de Caulincourt et retire encore à ce plénipotentiaire les pleins pouvoirs qu'il lui avait confiés.

Après avoir battu Blucher, Napoléon retourne contre la grande armée alliée, bat Wittgenstein à Nangis, le prince de Wrède à Villeneuve-le-comte, le général Bianchi à Montereau ; les ennemis se retirent aussi rapidement qu'ils s'étaient avancés, et le 23 février il rentre victorieux dans Troyes. C'est dans cette ville qu'il rendit un décret de mort contre tout Français qui porterait des signes ou décorations de l'ancien gouvernement royal, et qu'il fit fusiller un chevalier de Saint-Louis qui s'en était décoré.

Cette série de triomphes inattendus releva les espérances de Napoléon, et une suspension d'armes ayant été proposée, il demanda que la ligne d'armistice s'étendît depuis Anvers jusqu'à Lyon ; tant de fierté et une si invincible obstination de la part d'un homme dont l'armée était moindre des trois quarts de celle de ses ennemis, et dont les victoires étaient le résultat des ressources extraordinaires de son puissant génie et de l'héroïsme de ses soldats, épouvantèrent encore l'Europe, et les quatre puissances contractèrent une nouvelle alliance de vingt ans, et s'engagèrent à ne faire ni paix ni trève que d'un commun accord.

Le général prussien Bulow ayant joint Blucher, celui-ci marche encore sur Paris; Bonaparte obligé de cesser la poursuite des Autrichiens pour couvrir la capitale menacée, retourne sur Blucher, le bat le 8 mars à Craonne; mais il échoue devant Laon. Il surprend le 15, un corps russe à Reims, le met en déroute et s'empare de cette ville. Le 20, il rencontre l'ennemi à Arcis-sur-Aube, mais avec 30,000 hommes il se trouve devant 250,000; c'est la grande armée alliée qui, n'étant plus poursuivie, s'est réunie et reprend l'offensive. Une bataille a lieu, nos soldats s'y couvrent de gloire et leur chef semble y chercher la mort qui ne veut pas de lui. Par une retraite hardie, il se retire vers la Lorraine; l'ennemi n'ose le suivre. Le 26 mars il rencontre sur ses pas le général russe Vintzingerode et le bat. Mais tandis que s'aveuglant sur sa position, il court d'une armée ennemie à l'autre, épuise et fatigue ses troupes par de nouvelles victoires, de plus dangereux ennemis paraissent sur l'horison : les Bourbons et la liberté; c'est par eux qu'il doit succomber. Le 12 mars, la ville de Bordeaux a reçu avec enthousiasme le duc d'Angoulême dans ses murs ; le comte d'Artois a été accueilli avec les plus vifs transports à Vezoul , et les belles proclamations de Louis XVIII , qui promettent à la France un régime libéral , sont répandues avec profusion dans la capitale.

Schwarzenberg et Blucher profitant de l'éloignement de l'armée de Bonaparte , effectuent leur jonction dans les plaines de Châlons , et marchent ensemble sur Paris. Les maréchaux Marmont et Mortier , qui croient que Napoléon se replie sur eux , vont au-devant de lui sur la route de Fèrechampenoise , et le 26 mars , ils se trouvent vis-à-vis de toute l'armée alliée ; ils combattent ; mais après avoir éprouvé de grandes pertes , ils se replient sur la capitale. Le général Pactod , qui avec deux divisions escortait un convoi considérable de vivres et de munitions destinés à l'armée de Napoléon , fut également écrasé ; sa petite armée , composée en grande partie de paysans de l'ouest, préféra mourir que de capituler.

Le 29 mars , les alliés parurent en forces sous les murs de Paris , les maréchaux réunirent aux glorieux débris qu'ils ramenaient , quelques soldats des dépôts , 10,000 volontaires de la garde nationale , les compagnies d'artillerie de l'école polytechnique, et avec cette petite armée ils combattirent avec acharnement toute la journée du 30. Les villages de Pantin et de Romainville furent pris et repris plusieurs fois, l'ennemi laissa 12,000 morts sur le champ de bataille ; mais ces masses considérables ayant repoussé nos faibles troupes dans l'enceinte de la capitale, et le frère de Napoléon, Joseph, lieutenant général de l'empire, qui le 27 mars avait déjà fait partir pour Blois, la régente et son fils, ayant ordonné aux maréchaux de capituler, un armistice fut conclu. Mortier et Marmont évacuèrent la capitale, et les alliés l'occupèrent le 31 mars.

Napoléon, dont le projet était de rallier les garnisons des places fortes de la Lorraine et de l'Alsace et de tomber ensuite sur les derrières de l'ennemi, apprend à Doulevent le danger qui menace la capitale de l'empire. Il prend sur-le-champ son parti et marche au secours de Paris. Mais il était trop tard, vainement il fait faire quinze lieues en un jour à sa garde, vainement il se jette dans une carriole de poste, pour arriver avant l'ennemi à Paris et l'électriser par sa présence ; il apprend le 30 à 10 heures du soir, au relais de Fromenteau, à 5 lieues de Paris, que cette grande ville a capitulé, et qu'elle sera le lendemain en la puissance des armées européennes. Il envoie alors le duc de Vicence pour tenter la voie des négociations ; ce plénipotentiaire ne peut rien obtenir ; les souverains alliés instruits des dispositions favorables des Français pour les Bourbons , ont déclaré qu'ils ne traiteront plus avec Bonaparte ni avec aucun membre de sa famille. Déjà le Sénat a déclaré « Napoléon déchu du trône , le droit d'hérédité aboli dans sa famille et le peuple français et l'armée déliés envers lui du serment de fidélité. » Le corps législatif a suivi son exemple ; un gouvernement provisoire a été organisé , le conseil-général de la commune de Paris a demandé le rappel de la maison de Bourbon et de nombreuses adhésions à ces actes arrivent de toutes parts.

Cependant Napoléon est encore à la tête d'une armée dévouée ; il lui adresse une proclamation et lui demande un nouveau serment. Il est prêté avec enthousiasme. Il manifeste le projet de marcher sur Paris. Ses soldats accueillent avec transport ce projet ; mais les chefs sont muets. Dans ces entrefaites , le duc de Vicence qui avait été proposer la régence , vient demander l'abdication ; Bonaparte la donne ; mais en faveur de sa femme régente et de son fils. Trois plénipotentiaires, Ney, Mac-donald et Caulincourt portent cet acte à Paris. L'opinion se prononçant de plus en plus en faveur des Bourbons ; le sénat ayant appelé au trône de France, Louis XVIII, les souverains repoussent la régence et ne veulent admettre que l'abdication absolue.

Napoléon persiste dans son projet de marcher sur Paris ; la revue qu'il passe de ses troupes, lui prouve qu'elles sont toujours animées des mêmes sentiments ; mais les chefs redoutent la guerre civile, plusieurs ont adhéré aux actes du sénat, d'autres ne lui dissimulent point que sa cause n'est plus celle de la patrie ; ils lui disent que le salut de la France est dans son abdication absolue ; il se résigne et la donne ainsi conçue :

Les puissances alliées ayant proclamé que l'empereur Napoléon était le seul obstacle au rétablissement de la paix en Europe, l'empereur Napoléon, fidèle à son serment, déclare qu'il renonce pour lui et ses héritiers aux couronnes de France et d'Italie, et qu'il n'est aucun sacrifice personnel, même celui de la vie, qu'il ne soit prêt à faire à l'intérêt de la France.

NAPOLÉON.

A peine le duc de Vicence, porteur de cet acte aux souverains alliés, eut quitté Fontainebleau, que Bonaparte se repentit de son abdication ; il écrivit au duc de Vicence pour la lui redemander. Il forma le projet de réunir les armées d'Augereau, de Suchet et de Soult, qui venaient de combattre glorieusement à Orthez et à Toulouse ; de rallier les garnisons du nord et de l'est et d'opérer sa jonction avec le prince Eugène : tous ces corps réunis lui auraient donné une attitude formidable, il eut encore pu revendiquer le royaume d'Italie. Ce plan était immense, mais son génie l'était aussi. « Puisqu'il faut renoncer à défendre plus long-temps la France, s'écria-t-il, l'Italie m'offre encore une retraite digne de moi ! Veut-on m'y suivre encore une fois ? Marchons vers les Alpes ! » Un sombre silence est la réponse de ses lieutenants : ainsi tomba le grand empire.

Le 12 avril, Caulincourt lui apporte le traité qu'il a conclu avec les souverains alliés. Il renvoie au lendemain pour le ratifier. Vers minuit, le duc de Vicence est rappelé auprès de lui. Napoléon voulant mettre fin à son existence vient de prendre une tasse d'un poison inventé par Cabanis dans la tourmente révolutionnaire ; il remet à son ministre un porte-feuille,

lui parle de son épouse , de son fils , de la
France : tout-à-coup de fortes con-
vulsions l'agitent , une sueur glacée
couvre tout son corps , ses membres se
roidissent ; mais une crise violente ayant
amené des vomissements , il est délivré.
« La mort ne veut pas de moi, » dit-il à
Caulincourt.

Le lendemain , il ratifia le traité qui lui
donnait en toute souveraineté l'Ile d'Elbe
et ses dépendances , et les duchés de Parme,
Plaisance et Guastalla à son épouse et à
son fils , avec un revenu de plus de six
millions pour lui et sa famille et qui leur
assurait la conservation de leurs titres et
qualités.

Marie-Louise ne fut instruite de tous
ces événements que lorsqu'ils furent con-
sommés ; l'empereur d'Autriche son père
la fit partir pour Vienne avec son fils. On
s'opposa au désir qu'elle manifesta de rejoindre son époux. Bonaparte fut ainsi
privé de son épouse et de son enfant.

Avant de partir , il passa en revue sa
vieille garde ; il lui fit ses adieux dans
une allocution qui fit répandre des pleurs
à ces vieux soldats ; il la termina en leur
disant qu'il ne pouvait les embrasser tous,
mais qu'il embrasserait leur général ; il
pressa dans ses bras le général Petit. Il se
fit

fit apporter l'aigle qu'il baisa, en disant :
« Que ces baisers retentissent dans le cœur
de tous les braves. » Et se dérobant aux
transports de ses officiers, aux larmes de
ses vieux compagnons de gloire, il monta
en voiture accompagné du général Bertrand et des commissaires des puissances
étrangères.

Bonaparte ne courut aucun péril jusques
dans les départemens du midi ; mais l'esprit
de ces provinces où le sentiment de la liberté est plus profondément enraciné, où
la haine du despotisme est portée à l'exaltation et qui depuis quelque temps étaient
asservies sous le joug de préfets tyranni-
ques, pensa lui être funeste. Cependant
il échappa aux dangers qui le menaçaient
et s'embarqua à Saint-Rapheau sur une
frégate anglaise, qui le transporta à l'Isle
d'Elbe.

Il arriva le 5 mai à Porto-Ferrajo, où
ses nouveaux sujets lui firent une récep-
tion brillante. Pendant son séjour à l'Isle
d'Elbe, il ne parut s'occuper que de l'administration et de la prospérité de sa petite principauté ; il fit exécuter des travaux considérables, percer des routes,
construire des quais, embellir les promenades, faciliter les relations commerciales,
étendre le travail des mines et le rendre

plus productif; il semblait enfin consacrer
tous ses moments au bonheur de sa nouvelle souveraineté, pendant qu'il ne s'occupait véritablement que de son retour
en France.

La charte que Louis XVIII avait donnée
à son peuple avait paru cicatriser toutes
les plaies de la révolution et de l'empire ;
pendant les premiers mois de la restauration, la joie fut universelle; les révolutionnaires les plus exagérés partagèrent
même l'alégresse publique, et l'on peut
dire avec vérité que si jamais la France a
goûté une année de bonheur et de calme,
c'est celle de la première restauration. Tant
que le peuple fut dans l'ivresse de ce bonheur, nul mécontentement ne perça, et
nous marchions vers la plus brillante prospérité; mais dès qu'il le goûta en paix, et
qu'heureux il s'endormit, ses ennemis s'a-
gitèrent et tramèrent encore son esclavage
et sa ruine.

Le nombre considérable d'employés qui
avaient occupé des places dans les pays
qui n'étaient plus sous la domination française et qui se trouvaient sans emplois;
celui encore plus considérable des officiers
à demi-solde, qui ne pouvaient vivre ho-
norablement avec leur demi-paie et qui
n'avaient plus d'avenir; cette armée, qui

avec son chef se croyait la première du
monde et qui avait dédaigné l'alégresse
publique qu'elle considérait comme un
déni de sa gloire ; les révolutionnaires
qui dans un bouleversement général
croyaient reprendre leur terrible prépondérance ; la division des royalistes dont
quelques-uns voulaient l'ancien régime et
le plus grand nombre les institutions que
nous devions à la sagesse du monarque ;
quelques fautes impolitiques ; des préten-
tions exagérées ; des amours-propres blessés ;
l'inquiétude des acquéreurs de biens na-
tionaux, furent autant d'éléments dont
s'emparèrent les conspirateurs pour faciliter
le retour de Bonaparte.

La conspiration marchait visiblement ;
des émissaires arrivaient journellement ou
par la voie de Marseille ou par celle de
la Suisse auprès du souverain de l'Ile
d'Elbe, d'autres parcouraient les garnisons
pour en pervertir l'esprit ; une contre-
police était organisée à Paris par un de ses
anciens affidés ; des conciliabules se te-
naient à Saint-Leu chez l'ex-reine Hortense ; le ministère dédaignait les avis
alarmants qui lui arrivaient de toutes
parts, enfin lorsque Napoléon se décida
à quitter l'Ile d'Elbe, tout était combiné
pour que sa marche ne fût qu'une course
rapide.

Napoléon s'embarque le 26 février 1815 avec 600 hommes de sa garde, 200 fantassins, 200 chasseurs corses et 100 chevau-légers polonais, sur le brick l'*Inconstant* et sur 6 felouques. « Nous allons à Paris, » dit-il à ses grenadiers qui applaudissent à ses paroles. Le 1.er mars, la flotille mouilla au golfe Juan et à cinq heures du matin, Napoléon mit pied à terre ; 25 grenadiers et un officier qu'il envoya à Antibes pour séduire la garnison furent retenus prisonniers. Il marcha sur Grasse, où il abandonna son artillerie ; il acheta sur la route des chevaux pour ses Polonais, et partout il semait l'or à pleines mains. Le 3, il arriva à Barrême, le 4 à Digne : on aurait pu arrêter sa marche rapide à Sisteron ; mais la principale autorité du département s'y refusa. Le 5, il entra à Gap où il fit imprimer ses proclamations ; le 7, il rencontre le 7.me de ligne que lui amène son colonel Labédoyère, et qui donne, le premier, l'exemple de la défection ; aidé de ce puissant secours, il marche sur Grenoble dont la garnison lui facilite l'entrée.

Après que Napoléon eut passé le pont de Sisteron, il avait dit à Bertrand : « Nous sommes sauvés. » Lorsqu'il fut entré dans Grenoble, et qu'il se trouva à la tête de six mille hommes, et qu'il

eut soixante mille fusils et cinq cents
pièces de canon, à sa disposition, il dit
avec plus de vérité : « Je suis à Paris. »
Le 9 mars, après avoir rendu trois décrets
qui signalèrent le rétablissement du pouvoir impérial, il se mit en route sur Lyon,
où il entra le 10, à sept heures du soir.

Depuis Antibes jusqu'à Lyon, nul obstacle ne s'est opposé à sa marche ; partout le gouvernement du roi a été trahi ;
dans le midi l'élan du peuple, pour
l'arrêter dans sa course, a été comprimé.
Le comte d'Artois ne trouve dans Lyon
ni appui ni secours, et le duc de Tarente
ayant voulu conduire au combat les régimens de la garnison, fut sur le point d'être
la victime de son devoir.

Depuis son entrée dans le Dauphiné,
Bonaparte avait vu l'esprit du peuple plus
disposé en sa faveur ; à Lyon, les cris de
la populace étaient si forcenés, qu'il en
fut lui-même épouvanté. Après avoir pro-
mulgué plusieurs décrets dont l'un confis-
quait encore les biens des émigrés et promis
une constitution libérale, il quitta Lyon.
Le 14 il arriva à Châlons, et le 15 à Au-
tun. C'est dans cette ville qu'il reçut la
nouvelle que le maréchal Ney avait abandonné la cause qu'il venait de jurer de
défendre entre les mains de son roi. Alors

tranquille sur ses flancs, il marcha rapidement sur Paris.

La nouvelle du débarquement de Bonaparte avait plongé la France dans la plus profonde consternation ; avec son gouvernement s'évanouissait tout espoir de paix, de liberté et par conséquent de félicité publique. Le roi se hâta de convoquer les chambres ; il en appela à la loyauté de l'armée, aux serments des autorités ; à l'intérêt de la nation. Mais la trahison des uns, l'égoïsme des autres, et la rapidité de la marche de Napoléon détruisirent toutes les espérances de s'opposer à son envahissement. Néanmoins il se trouva encore des hommes fidèles ; la tentative faite dans le nord par les conjurés pour enlever la famille royale, échoua devant la fermeté du comte d'Aboville et du duc de Trévise.

Les chambres s'assemblèrent ; le roi y tint une séance royale où il dut juger de la douleur de la France et de son amour pour lui. Mais Napoléon était aux portes de la capitale ; les régiments envoyés contre lui passaient dans ses rangs. Le roi quitta son palais le 20 mars à une heure du matin ; il se rendit à Lille, et de là à Gand en Belgique.

Bonaparte instruit que le projet de cou-

per la retraite à la famille royale et de
l'enlever avait échoué, hâta sa marche
sur Paris. Il était à Fontainebleau, le 20
mars au matin, où il apprit la nouvelle
du départ du roi. Mais il ne voulut entrer
dans Paris que de nuit ; il arriva aux Tuileries à dix heures du soir. Aussitôt qu'il
eut mis pied à terre, une foule d'officiers
l'enlevèrent et le portèrent en triomphe
jusques dans ses appartements.

Dès que Napoléon eut ressaisi les rênes
du pouvoir, il s'occupa d'organiser le gouvernement impérial ; il passa des revues
fréquentes, fit affilier dans un banquet de
15,000 couverts la garde impériale et la
garde nationale de Paris, et il annonça
la coopération de l'Autriche et de l'Angleterre à ses desseins, et la prochaine arrivée
de Marie-Louise et de son fils. Ils devaient
être enlevés par des émissaires qu'il avait
à Vienne ; mais ce projet ayant échoué,
on ne vit dans ces paroles que des promesses illusoires pour fasciner les yeux du
peuple.

Toutes les garnisons des places fortes
avaient reconnu sa domination. Les maréchaux opposèrent une vaine résistance
aux soulèvements des soldats; des généraux
du second ordre se mirent à leur tête et
l'armée entière lui fut soumise et dévouée.

Les tentatives que fit le duc de Bourbon pour organiser la Vendée furent rendues inutiles par les manœuvres de la trahison; ce prince fut obligé de s'embarquer à Nantes. La duchesse d'Angoulême ayant fait à Bordeaux tout ce qu'on pouvait attendre de l'héroïque petite fille de Marie-Thérèse, sans pouvoir ramener les soldats à leurs devoirs, elle quitta cette ville fidèle, et vint à Gand consoler le vénérable auteur de la Charte. Le duc d'Angoulême à la tête du fidèle 10.me, de quelques gardes nationales de Vaucluse et du Languedoc, battit les troupes de Napoléon à Montélimar, au pont de la Drôme, aux rives de l'Isère, mais trahi sur les flancs, sur les derrières de sa petite armée, enveloppé par des forces considérables, il capitula pour la sauver, et après avoir vu sa capitulation violée, ses malheureuses troupes victimes de leur fidélité, il fut conduit à Cette, où il monta sur un vaisseau suédois qui le conduisit à Barcelone.

Voilà Bonaparte délivré de ses ennemis intérieurs; mais le congrès de Vienne, par sa déclaration du 13 mars, le déclare ennemi et perturbateur du monde, et par le traité du 25 du même mois, les quatre grandes puissances s'engagent à mettre chacune sur pied une armée de 150,000 hommes, et renouvellent le traité de Chaumont. Cependant il a écrit aux souverains pour leur notifier son rétablissement sur le trône impérial ; mais tous ayant refusé de recevoir ses communications, il n'a plus recours qu'à la victoire. Il s'y prépare par tous les moyens, par tous les souvenirs de son génie, et de son ascendant sur le soldat français ; il arme et approvisionne toutes le forteresses ; des ouvrages de campagne, des retranchements sont ordonnés pour défendre les passages par où les alliés pourraient pénétrer ; on redouble d'activité dans toutes les manufactures d'armes ; les corps d'armée se réunissent, plus de cent cinquante batteries sont en marche pour les joindre ; on organise les corps francs ; on lève de nouvelles conscriptions ; on mobilise mille bataillons de garde nationale et la France entière, qui naguère jouissait d'une paix profonde, n'est plus qu'un vaste camp où se forment les nombreuses phalanges qui doivent protéger Bonaparte contre la croisade européenne.

« Napoléon n'avait qu'une idée fixe, le pouvoir absolu ; son génie fut assez fort pour l'établir, trop peu pour le conserver, parce qu'il fallait être toujours le maître et l'être de tous les peuples, posséder une égale activité de prudence et de

force ; aussi les fédérés lui parurent des ennemis et les clubistes des factieux. » C'est
pourquoi, après avoir feint de s'attacher
à la cause des peuples, les rois le repous-
sant de la leur, il recula devant les idées
libérales qui s'exhalaient de toute l'Europe, et au lieu d'une constitution qu'il
avait promise si solennellement, il ne donna
que *l'acte additionnel aux constitutions
de l'empire*. Cet acte où l'on ne vit qu'un
mélange des créations du despotisme avec
les institutions de la liberté, fut repoussé
par tous les partis ; les libéraux, parce
qu'il renversait les barrières républicaines ; les royalistes, parce qu'il proscrivait
les Bourbons. A l'imitation de la Charte,
il institua deux chambres, l'une des pairs
et l'autre des représentants ; mais Napoléon n'y modifia pas autrement son pouvoir ; et les anciennes constitutions de
l'empire furent maintenues.

Pour donner l'impulsion aux départements, maîtriser l'opinion et diriger les
élections, des commissaires extraordinaires
furent envoyés dans chaque division militaire avec plein pouvoir de destituer et de
remplacer les autorités. Les colléges électoraux furent convoqués pour nommer
les députés de la chambre élective.

Pendant que Napoléon promulgait l'acte

additionnel , le roi de Naples envahissait les États romains et se portait sur la Lombardie. Dans de fastueuses proclamations, il s'annonçait comme le libérateur de l'Italie et l'arbitre de son indépendance. Cette entreprise condamnée par son beau-frère comme prématurée et que Joachim ne voulut pas retarder, parce qu'il craignait que Napoléon vainqueur ne revendiquât ses droits à la couronne de fer, eut une fin malheureuse. Le court espace d'un mois suffit pour détruire son armée et le détrôner. Vainement son courage intrépide le précipita au milieu de ses ennemis pour y chercher la mort et pour donner à ses soldats l'exemple de l'héroïsme ; il ne put mourir ni faire passer dans l'ame de ses troupes l'impétueuse valeur qui l'animait. La catastrophe de Murat fit une profonde sensation en France , elle ranima les espérances des royalistes et porta la consternation parmi leurs ennemis. Napoléon en frémit, il refusa de voir ce malheureux prince à qui il avait dû tant de fois la victoire et qui peut-être la lui aurait encore donnée aux champs de Waterloo.

Bonaparte continuait ses formidables armements ; mais les départements du midi, de l'ouest, du nord, refusaient de marcher ; il fallait même y comprimer l'opinion par des garnisons nombreuses, par des fédérations hostiles. La Vendée n'avait pas attendu les mouvements des armées alliées pour courir aux armes ; le 15 mai, un soulèvement général a lieu. Napoléon veut amortir d'un seul coup cette insurrection dont il redoute les conséquences, il dirige contre les Vendéens 25,000 hommes de ses meilleures troupes. C'est sous d'aussi funestes auspices qu'eut lieu le champ de mai ; réunion qui, d'après le décret qu'il avait rendu à Lyon, devait concourir au perfectionnement des lois constitutionnelles et qui ne fut que le témoin du dépouillement des votes relatifs à l'acte additionnel.

Cette cérémonie, renouvelée du temps de Charlemagne, eut lieu le 1.er juin ; les députés de tous les colléges électoraux, des troupes de terre et de mer y assistèrent. Tous les frères de Bonaparte, excepté Louis, environnaient le trône impérial, cinquante mille hommes de troupes de ligne le protégeaient. Napoléon y prononça un discours où il déclara tenir tout du peuple. Il jura sur l'Evangile l'observation des constitutions ; il reçut le serment des électeurs et des troupes, distribua des aigles

gles aux députations des régiments et des gardes nationales.

Peu de jours après, le 7 juin, il fit l'ouverture des chambres. A peine assemblées, elles se montrèrent indépendantes, la chambre des pairs refusa de choisir le prince Lucien pour son président, et celle des représentants porta ses suffrages sur le vertueux Lanjuinais, qui dans tous les temps fut l'ennemi du despotisme.

Cependant le péril approche, la garde impériale est déjà partie pour les frontières ; les Anglais, les Prussiens, les Autrichiens sont en ligne, les Russes en pleine marche. Napoléon s'empresse d'établir un gouvernement où siégeaient Lucien, Cambacérès, Davoust, Fouché, Caulincourt, Decrès, Mollien. Il part le 12 juin, avec le sentiment des difficultés que l'esprit d'opposition des deux chambres créera pour repousser la dictature qu'il croit lui être utile dans de si grandes circonstances. Il arrive le 13 à Avesne, et le 14 il adresse une proclamation à son armée. Elle était forte de 100,000 hommes d'infanterie et de 20,000 cavaliers. Le 15, à la pointe du jour, elle se porte en avant, culbute l'avant-garde prussienne, s'empare de Charleroi, passe la Sambre et bivouaque entre les armées anglaises et prussiennes.

Le 16, tandis que le maréchal Ney avec 45,000 hommes reçoit l'ordre de marcher contre les Anglais, commandés par Wellington, Napoléon attaque Blucher et ses Prussiens ; Vandamme les aborde à Saint-Amand et Gérard attaque leur centre au village de Ligny, qui fut pris et repris cinq fois. La bataille de Ligny fut sanglante et acharnée, mais les Français la gagnèrent, quoiqu'ils ne fussent que 60,000 hommes contre 80,000. Blucher se retira sur Wavres, il fut rejoint dans la nuit par le corps de Bulow qui arrivait de Liège. Pendant que Napoléon battait l'armée prussienne, Ney était fortement engagé avec les Anglais à la ferme des Quatre-Bras ; il les avait attaqués avec son intrépidité ordinaire ; mais ayant laissé sa seconde ligne trop en arrière, et l'armée anglaise se renforçant à tout moment de tous les corps qui se concentraient, il ne put enlever les positions qu'elle occupait. Bonaparte mit sous les ordres de Grouchy deux corps d'armée, et lui donna l'ordre de poursuivre les Prussiens, sans cependant cesser d'être en communication avec lui. Il marcha avec les autres corps contre Wellington, et ayant fait sa jonction avec Ney, il fit attaquer l'ennemi ; mais les nombreuses batteries que les Anglais démasquèrent, lui prouvèrent que toutes leurs forces étaient réunies. Il expédia aussitôt l'ordre à Grouchy de déborder la gauche des Prussiens et de faire sa jonction avec la droite des Français, parce qu'une bataille s'annonçait pour le lendemain.

La pluie tomba par torrents la nuit du 17 au 18 ; sur les huit heures le temps s'éclaircit. A dix heures l'armée française s'ébranle ; elle était forte de 69,000 hommes, celle de Wellington était de 90,000. A onze heures la canonnade engage la bataille ; le général Reille qui commandait l'aile gauche enlève le bois et le château de Rougemont. Napoléon apprend en ce moment qu'une armée de 50,000 Prussiens aux ordres de Bulow, menace sa droite. Il détache 10,000 hommes sous le commandement de Lobau pour les contenir, c'était une heure après-midi. Ce puissant secours avait porté l'armée alliée à 130,000 hommes. Cependant le maréchal Ney s'empare vigoureusement de la ferme de la Haie-Sainte, appui du centre des ennemis. Le comte d'Erlon, commandant la droite, les chasse du village de la Haie. L'armée française a vaincu, elle est maîtresse du champ de bataille, quand sur ses flancs et sur ses derrières arrivent les

40,000 Prussiens de Bulow. Le mouvement général en avant se ralentit, l'ennemi s'en aperçoit ; sa retraite qui était commencée, s'arrête. Lobau n'avait pu contenir des ennemis trois fois plus nombreux, la mitraille de Bulow atteignait déjà notre réserve placée derrière le centre. Napoléon venait d'apprendre qu'il n'y avait plus d'espoir sur la coopération de Grouchy, trop éloigné de l'action. Duhesme avec la jeune garde et son artillerie marche contre Bulow et le force à la retraite. Mais Wellington a réuni toutes ses masses, il revient à la charge, une nouvelle bataille s'engage, nos soldats y font des prodiges, notre cavalerie enfonce les carrés, enlève les redoutes. Ney parvient à s'établir sur le Mont-Saint-Jean : les Français sont encore vainqueurs, Bulow rétrograde, Wellington fuit, le soleil se couche ; mais ses derniers rayons éclairent la tête des colonnes d'une armée de 40,000 hommes qui arrive sur la droite pour prendre part au combat. C'est Grouchy, s'écrie-t-on, courage ! en avant !

Grouchy, dont la canonnade se fesait alors entendre, était aux prises avec le corps du général Thielman à Wavres. C'est donc Blucher, avec 40,000 hommes, effectuant sa jonction avec Wellington par la prise du village de la Haie, qu'il enlève avec quatre divisions au faible corps français qui le défendait. La ligne de l'armée française étant rompue, l'innombrable cavalerie ennemie s'y précipite, 60,000 Prussiens et 80,000 Anglais et Hollandais envahissent le champ de bataille, la nuit augmente le désordre, l'armée est dans une épouvantable confusion, la voix des généraux n'est plus entendue; Bonaparte n'a que le temps de se jeter dans un des carrés de sa garde. Cette garde intrépide résiste avec un dévouement héroïque pour protéger la retraite de Napoléon, et sommée de se rendre, elle répond par ces paroles immortelles : *La garde meurt et ne se rend pas.*

Après la bataille de Waterloo, la déroute fut générale, heureusement que la nuit facilita à nos soldats les moyens de se dérober aux coups et à la vue de l'ennemi, dont la nombreuse cavalerie en aurait fait une horrible boucherie; aussi, quoique l'armée perdit presque tout son matériel, ses bagages, Napoléon ses voitures, les pertes en hommes furent plus considérables du côté des alliés. Cependant nous eûmes à déplorer la perte de 19,000 hommes, et 7,000 prisonniers; les rapports des alliés élèvent leur perte à 33,000 hommes hors de combat. Les débris de cette valeureuse armée ne se rallièrent qu'à Laon. Le général Grouchy après avoir battu le général Thielman à Wavres, y ramena son corps d'armée intact.

Après s'être arrêté quelque temps à Philippeville, d'où il donna à son major-général des instructions pour rallier l'armée à Avesne, Napoléon se rendit à Laon, où il arriva le 20. Il voulait s'arrêter dans cette ville pour y organiser les troupes, mais la crainte que son absence de la capitale dans ces moments critiques où toutes les passions politiques sont en effervescence, ne refroidît ses partisans et ne fût favorable aux desseins de ses ennemis, et l'idée qu'il avait que si Paris avait succombé l'année dernière, c'est qu'il n'avait pas été électrisé par sa présence, le déterminèrent à s'y rendre. Il arriva le 21 au palais de l'Elisée, au moment où tout retentissait encore de la bataille de Ligny. Mais à peine le désastre de Waterloo est connu, qu'un grand mécontentement se manifeste ; les chambres se déclarent en permanence et proclament traître à la patrie quiconque tentera de les dissoudre. Bonaparte qui dans un conseil de ministres s'occupait des moyens de s'emparer de la dictature, de doubler et d'armer les

fédérés ou tirailleurs de la garde nationale, de mettre Paris en état de siège, fut terrifié lorsqu'on lui annonça cette déclaration. Vainement son frère Lucien tenta de réveiller son énergie, il resta sans résolution. Les chambres profitèrent de son inactivité, elles agirent, elles le menacèrent de la déchéance, s'il ne donnait son abdication. Il résigna la couronne à son fils.

Bonaparte ayant abdiqué, les chambres nommèrent une commission de gouvernement, composée de cinq membres; Fouché la présida. L'influence que cet homme exerçait dans la capitale était grande; comme il ne s'en servait pas dans l'intérêt de Napoléon, elle lui fut fatale. Les troupes, les fédérés, le parti impérial ou militaire, murmuraient hautement : « Si Napoléon II n'est pas reconnu, proclamé, l'abdication de son père est nulle, » s'écriaient-ils. Les débris de l'armée qui s'accumulaient dans la capitale manifestaient le même vœu, ils le redemandaient encore pour les commander. Napoléon demanda même à reparaître à leur tête comme général. Sa présence dans la capitale, dans un palais impérial, entouré de généraux et d'hommes puissants et dévoués, semblait lui donner un grand pouvoir, Fouché s'en inquiéta et Bonaparte fut obligé de se retirer à la Malmaison.

Cependant les alliés avaient franchi les frontières et s'approchaient de Paris. Les chambres avaient nommé des plénipotentiaires pour traiter avec eux. Bonaparte, à la Malmaison, livré à tous les souvenirs de sa puissance, de sa gloire, adresse à l'armée des adieux où l'on remarque ces phrases : «..... Soldats, je suivrai vos pas
» quoiqu'absent.... vous et moi avons été
» calomniés !.... Encore quelques efforts
» et la coalition sera dissoute. Napoléon
» vous reconnaîtra aux coups que vous
» allez porter. Sauvez l'honneur, l'indé-
» pendance des Français ; soyez à la fin,
» tels que je vous ai connus depuis vingt
» ans, et vous serez invincibles. »

Ces adieux, qui n'étaient véritablement qu'un appel aux troupes pour les porter à la sédition, effrayèrent Fouché ; ils ne parvinrent pas à l'armée. Mais Bonaparte se nourrissant toujours de l'idée qu'il pouvait encore tout réparer si on lui donnait le commandement, envoya auprès de la commission le général Becker, qui venait d'être attaché à sa personne pour veiller à sa conservation : « Dites-leur, lui dit-il, qu'on me fasse général ; ce n'est pas pour ressaisir le pouvoir, mais pour écra-

ser l'ennemi et le forcer par sa destruction à traiter d'une manière plus avanta-
geuse le peuple français.... ensuite je pour-
suivrai ma route. »

Mais Fouché qui n'ignorait point que
Bonaparte avait toujours ses chevaux prêts,
que tout ce qui l'entourait était à sa disposition, qu'il n'avait qu'à monter à cheval pour exciter encore le plus vif enthousiasme parmi les soldats, et dissoudre
le gouvernement provisoire et les deux
chambres, sentit qu'il était urgent d'éloigner de cette armée un homme dont le
contact était si contagieux pour elle et
pour lui. Le ministre de la marine lui
proposa de partir avec un Américain, qui
l'emmenerait incognito au Havre. Il refusa;
l'espoir de reparaître à la tête des troupes
le retenait encore. Mais lorsqu'il fut instruit que Blucher avait fait une tentative
pour l'enlever, il demanda deux frégates
pour le conduire en Amérique. On les lui
accorda et l'on sollicita un sauf-conduit
auprès de Wellington, qui répondit qu'il
n'y était pas autorisé par son gouvernement.

Le départ de Napoléon pour Rochefort,
où l'on armait les deux frégates, eut lieu
le 29 juin. Les personnes qui montèrent
avec lui en voiture, furent le général

Becker qui était chargé de l'accompagner jusqu'à son départ des côtes de France, et les comtes Bertrand, Montholon avec leurs familles, Las-Cases et son fils, le général Gourgaud qui voulurent le suivre dans son exil et partager sa mauvaise fortune. Arrivé à Rochefort, il trouva toutes les issues de la mer fermées; il monta sur la frégate la *Saale*, et aborda à l'Ile-d'Aix.

Napoléon ayant envoyé le comte de Las-Cases auprès de l'amiral anglais, pour lui demander s'il lui permettrait de suivre sa route pour l'Amérique, l'amiral répondit qu'il ne pouvait que lui offrir de le transporter en Angleterre s'il le désirait. Mécontent de cette réponse, Napoléon tenta vainement plusieurs moyens d'échapper à la croisière anglaise. L'entrée du roi à Paris le décida à chercher un refuge sur la flotte anglaise; le 15, il se rendit à bord du *Bellérophon*, et envoya le général Gourgaud présenter au prince régent la lettre suivante :

ALTESSE ROYALE,

« En butte aux factions qui divisent
» mon pays, et à l'inimitié des plus gran-
» des puissances de l'Europe, j'ai terminé

» ma carrière politique et je viens, comme
» Thémistocle , m'asseoir au foyer du
» peuple britannique ; je me mets sous la
» protection de ses lois , que je réclame
» de V. A. R. comme du plus puissant,
» du plus constant et du plus généreux
» de mes ennemis. »

Pendant le trajet des côtes de France à
Plymouth , Bonaparte se flatta que sa demande serait accueillie par le prince régent ; mais à peine arrivé dans la rade de
Plymouth , le 26 juillet, son illusion fut
dissipée ; il y apprit qu'il était prisonnier
de guerre et qu'il serait renfermé dans
l'isle Sainte-Hélène. Il protesta en ces
termes :

« Je proteste solennellement ici contre
» la violence qui m'est faite , contre la
» violation de mes droits les plus sacrés,
» en disposant par la force de ma per-
» sonne et de ma liberté. Je suis venu
» librement à bord du *Bellérophon ;* je
» ne suis pas prisonnier ; je suis l'hôte de
» l'Angleterre. Je suis venu à l'instigation
» du capitaine qui a dit avoir des ordres
» du gouvernement de me recevoir et de
» me conduire en Angleterre si cela m'était
» agréable. Je me suis présenté de bonne

» foi pour me mettre sous la protection
» de l'Angleterre; aussitôt assis à bord du
» *Bellérophon* je fus sur le foyer du peu-
» ple britannique. Si le gouvernement en
» donnant des ordres au capitaine du *Bel-*
» *lérophon* de me recevoir ainsi que ma
» suite, n'a voulu que me tendre une em-
» bûche, il a forfait à l'honneur et flétri
» son pavillon. Si cet acte se consommait,
» ce serait en vain que les Anglais vou-
» draient parler désormais de leur loyauté,
» de leurs lois et de leur liberté. La foi
» britannique se trouvera perdue dans
» l'hospitalité du *Bellérophon* ; j'en ap-
» pelle à l'histoire. Elle dira qu'un ennemi
» qui fit vingt ans la guerre au peuple
» anglais, vint librement, dans son infor-
» tune, chercher un asile sous ses lois.
» Quelle plus éclatante preuve pouvait-il
» lui donner de son estime et de sa con-
» fiance ? Mais comment répondit-on en
» Angleterre à une telle magnanimité ?
» On feignit de tendre une main hospi-
» talière à cet ennemi ; et quand il se fut
» livré de bonne foi, on l'immola.

« A bord du Bellérophon à la mer. »

NAPOLÉON.

Le

Le 7 août, Bonaparte fut transféré sur le *Northumberland*, qui appareilla le même jour pour Sainte-Hélène. Le 16 août, apercevant la pointe du cap de la Hogue, il s'écria : « Adieu, terre des braves. » Le 16 octobre, il mit pied à terre à l'île Sainte-Hélène ; toute la population s'était portée à sa rencontre, il fut reçu avec tous les honneurs militaires. Il occupa provisoirement l'habitation de sir Balcombe, négociant anglais, qu'il quitta au bout de deux mois pour s'établir à Longwood, demeure qui lui était destinée. C'est dans ce séjour qu'il passa les six dernières années de sa vie. Là, il se créa une nouvelle manière de vivre conforme à ses goûts ; il écrivait ou dictait ses mémoires, il faisait sa promenade à cheval dans l'étendue de terrain qui lui était assignée, il recevait les visites des voyageurs et des habitants de l'île, il admettait des officiers anglais à sa table et se plaisait à les questionner. L'attachement des personnes qui avaient voulu partager sa mauvaise fortune, leurs soins affectueux, l'agrément de leur société contribuaient encore à alléger le poids de sa captivité.

Mais l'amiral Cockburn ayant été remplacé dans le gouvernement de Sainte-Hélène par sir Hudson-Lowe, on exerça sur ses actions une plus grande surveillance. Il fut obligé de cesser l'exercice du cheval si nécessaire à la santé d'un homme dont toute la vie fut d'une étonnante activité; l'espace même qu'il parcourait à pied ayant été circonscrit par des sentinelles, il se priva de ses promenades. Soit que cette surveillance plus sévère appartînt au caractère personnel du nouveau gouverneur, soit qu'elle fût occasionnée par quelque tentative dans l'île ou à l'extérieur, pour faciliter son évasion, soit que les gouvernements européens la crussent nécessaire à cause des troubles qui agitaient alors le midi de l'Europe et les Amériques, elle ne contribua pas moins au dépérissement de la santé du prisonnier. La transition subite d'une vie active et laborieuse à une vie sédentaire développa le germe d'une maladie héréditaire; des chagrins domestiques ajoutèrent à ses maux physiques, à ses peines morales; ses plus zélés serviteurs, son médecin même lui furent enlevés. La maladie ayant fait des progrès rapides, il mourut le 5 mai 1821. Dans son agonie il fit entendre ces phrases entrecoupées : *Nation française.... rien à mon fils que mon nom !.... France !.... France !.... mon fils !....* Il expira à six heures du soir, en croisant les bras avec

effort et en prononçant ces mots : *Téte....*
armée....

« La veille de sa mort il avait rempli
ses devoirs de chrétien ; à l'insu de ses
premiers officiers, l'autel se trouva prêt
dans la pièce voisine de sa chambre mor-
tuaire. Il reçut le viatique. Il avait tout
ordonné lui-même sans passer par ses in-
termédiaires ; un simple valet-de-pied avait
de sa part et sous le sceau du secret averti
le chapelain et à l'heure indiquée , Napoléon se trouva seul avec le prêtre pour ne
donner à cet acte de sa dernière abdication aucun témoin de sa fortune passée. »

Il était âgé de 51 ans et 8 mois. Ses
dépouilles mortelles furent exposées pendant deux jours. Il était revêtu de l'uniforme des chasseurs de la garde , de ses
décorations et couvert en partie du manteau qu'il portait à Marengo. Le troisième
jour le corps fut embaumé , revêtu du
même uniforme et des décorations qu'il
avait sur le lit de parade. Il avait été ouvert ainsi qu'il l'avait ordonné; les hommes
de l'art constatèrent que sa maladie était
un cancer à l'estomac. On lui trouva à la
tête une légère blessure provenant d'un
coup de hallebarde que lui donna un ser-
gent anglais au siège de Toulon ; une seconde au genou , causée par une balle

morte dont il fut atteint à la bataille de Ratisbonne, en 1809, et enfin une troisième à la cheville du pied qu'il avait reçue en Italie. Les honneurs funèbres les plus pompeux lui furent rendus au moment de son inhumation.

Des grenadiers portaient le cercueil, les coins du poële l'étaient par les généraux Bertrand et Montholon; suivaient madame Bertrand et sa famille, lady Lowe et ses filles en grand deuil, les officiers de la marine, ceux de l'état-major, le gouverneur Hudson-Lowe et le vice-amiral commandant la station. Les 20.ᵐᵉ et 65.ᵐᵉ régiments de ligne, l'artillerie, les volontaires, les troupes de marine, formant ensemble environ trois mille hommes, étaient disposés sur les hauteurs environnantes. Lorsque le corps eut été descendu dans le tombeau, l'artillerie le salua de trois volées de onze coups de canon chacune.

Le corps fut placé dans une caisse de fer-blanc garnie d'un matelas, d'un oreiller et revêtu de satin blanc; il a l'épée au côté et un crucifix sur la poitrine. Le cercueil renferme aussi son chapeau, des aigles, des pièces de toutes les monnaies frappées à son effigie, son couvert, son couteau, une assiette avec ses armes, etc.

Le cœur déposé dans un vase d'argent, et les intestins placés dans un cilindre du même métal, furent mis au pied du cercueil. La caisse de fer-blanc, fermée et soudée avec soin, fut placée dans une autre caisse en acajou, qu'on mit dans une troisième en plomb, laquelle fut elle-même déposée dans une quatrième d'acajou, qu'on scella et ferma avec des vis de fer.

Son tombeau, qui est placé au fond d'un site romantique qu'on appelle *la vallée du Géranium*, est d'une forme quadrangulaire, plus large dans le haut que dans le bas; sa profondeur est d'environ 12 pieds. Une garde d'officiers anglais veille sur ce tombeau.

Napoléon Bonaparte fut un grand général, un grand administrateur, un grand monarque, mais il ne fut pas l'ami de ses peuples qu'il sacrifiait en masse sur les champs de bataille, ni même un bon législateur politique, car sa passion du pouvoir l'éblouit tellement qu'il oublia qu'il tenait ce pouvoir de la révolution, et dans son aveuglement il enleva la parole au corps législatif, il détruisit le Tribunat, le seul élément d'opposition qui se trouvât dans ses constitutions; il avilit le sénat en le rendant le docile instrument de ses volon-

tés , il dénatura l'institution du jury et il
étouffa la liberté de la presse.

Le règne de celui qui possédait si bien
la funeste science d'exercer arbitrairement
la puissance et d'environner son despotisme de l'éclat d'une grande gloire, peut
encore être l'objet des regrets des hommes
qui admirent sa volonté de fer et qui
trouvent qu'on n'est bien gouverné que
par le pouvoir absolu ; mais il ne l'est point
de ceux qui croient que les peuples ne sont
véritablement heureux que sous des institutions basées sur une sage liberté.

FIN.

TESTAMENT

DE NAPOLÉON.

——

NAPOLÉON.

Cejourd'hui , 15 avril 1821 , à Longwood, île de Sainte-Hélène.

Ceci est mon testament , ou acte de ma dernière volonté.

I.

1° Je meurs dans la religion apostolique et romaine , dans le sein de laquelle je suis né, il y a plus de cinquante ans.

2° Je désire que mes cendres reposent sur les bords de la Seine , au milieu de ce peuple français que j'ai tant aimé.

3° J'ai toujours eu à me louer de ma très-chère épouse Marie-Louise ; je lui conserve jusqu'au dernier moment les plus tendres sentimens ; je la prie de veiller pour garantir mon fils des embûches qui environnent encore son enfance.

4° Je recommande à mon fils de ne jamais oublier qu'il est né français, et de ne jamais se prêter à être un instrument entre les mains des triumvirs qui oppriment les peuples de l'Europe. Il ne doit jamais combattre ni nuire en aucune manière à la France ; il doit adopter ma devise : *Tout pour le peuple Français.*

5° Je meurs prématurément, assassiné par l'oligarchie anglaise et son sicaire ; le peuple anglais ne tardera pas à me venger.

6° Les deux issues si malheureuses des invasions de la France, lorsqu'elle avait encore tant de ressources, sont dues aux trahisons de Marmont, Augereau, Talleyrand et de La Fayette. Je leur pardonne ; puisse la postérité française leur pardonner comme moi !

7° Je remercie ma bonne et très-excellente mère, le cardinal, mes frères Joseph, Lucien, Jérôme, Pauline, Caroline, Julie, Hortense, Catherine, Eugène, de l'intérêt qu'ils m'ont conservé ; je pardonne à Louis le libelle qu'il a publié en 1820 : il est plein d'assertions fausses et de pièces falsifiées.

8° Je désavoue le manuscrit de Sainte-Hélène et autres ouvrages sous le titre de *Maximes*, *Sentences*, etc., que l'on s'est plu à publier depuis six ans : ce ne sont pas là les règles qui ont dirigé ma vie.....

II.

1° Je lègue à mon fils les boîtes, ordres, et autres objets tels qu'argenterie, lit de camp, armes, selles, éperons, vases de ma chapelle, livres, linge qui a servi à mon corps et à mon usage, conformément à l'état annexé, coté (*A*). Je désire que ce faible legs lui soit cher, comme lui retraçant le souvenir d'un père dont l'univers l'entretiendra.

2° Je lègue à Lady Holland la camée antique que le pape Pie VI m'a donné à Tolentino.

3° Je lègue au comte Montholon deux millions de francs, comme une preuve de ma satisfaction des soins filiaux qu'il m'a rendus depuis six ans., et pour l'indemniser des pertes que son séjour à Sainte-Hélène lui a occasionées.

4° Je lègue au comte Bertrand cinq cent mille francs.

5°. Je lègue à Marchand, mon premier valet de chambre, quatre cent mille francs. Les services qu'il m'a rendus sont ceux d'un ami. Je désire qu'il épouse une veuve, sœur ou fille d'un officier ou soldat de ma vieille garde.

6° *Idem*, à Saint-Denis, cent mille fr.

7° *Idem*, à Novarre (Noverraz), cent mille francs.

8° *Idem*, à Piéron, cent mille francs.

9. *Idem*, à Archambaud, cinquante mille francs.

10° *Idem*, à Corsot, vingt-cinq mille francs.

11° *Idem*, à Chandellier, vingt-cinq mille francs.

12° A l'abbé Vignali, cent mille francs. Je désire qu'il bâtisse sa maison près de Ponte-Nuovo di Rostino.

13° *Idem*, au comte Las Cases, cent mille francs.

14° *Idem*, au comte Lavalette, cent mille francs.

15° *Idem*, au chirurgien en chef Larrey, cent mille francs. C'est l'homme le plus vertueux que j'aie connu.

16° *Idem*, au général Brayer, cent mille francs.

17° *Idem*, au général Lefèvre-Desnouettes, cent mille francs.

18° *Idem*, au général Drouot, cent mille francs.

19° *Idem*, au général Cambrone, cent mille francs.

20° *Idem*, aux enfans du général Mouton-Duvernet, cent mille francs.

21° *Idem*, aux enfans du brave Labédoyère, cent mille francs.

22° *Idem*, aux enfans du général Girard, tué à Ligny, cent mille francs.

23° *Idem*, aux enfans du général Chartrand, cent mille francs.

24° *Idem*, aux enfans du vertueux général Travot, cent mille francs.

25° *Idem*, au général Lallemant l'aîné, cent mille francs.

26° *Idem*, au comte Réal, cent mille francs.

27° *Idem*, à Costa de Bastelica, en Corse, cent mille francs.

28° *Idem*, au général Clausel, cent mille francs.

29° *Idem*, au baron de Menneval, cent mille francs.

30° *Idem*, à Arnault, auteur de *Marius*, cent mille francs.

31° *Idem*, au colonel Marbot, cent mille francs. Je l'engage à continuer à écrire pour la défense de la gloire des armées françaises, et à en confondre les calomniateurs et les apostats.

32° *Idem*, au baron Bignon cent mille francs. Je l'engage à écrire l'histoire de la diplomatie française de 1792 à 1815.

33° *Idem*, à Poggi di Talavo, cent mille francs.

34° *Idem*, au chirurgien Emmery, cent mille francs.

35° Ces sommes seront prises sur les six millions que j'ai placés en partant de Paris en 1815, et sur les intérêts à raison de cinq pour cent depuis juillet 1815. Les comptes en seront arrêtés avec le banquier par les comtes Montholon, Bertrand et Marchand.

36° Tout ce que ce placement produira au-delà de la somme de cinq millions six cent mille francs, dont il a été disposé ci-dessus sera distribué en gratification aux blessés de Waterloo, et aux officiers et soldats du bataillon de l'île d'Elbe, sur un état arrêté par Montholon, Bertrand, Drouot, Cambronne, et le chirurgien Larrey.

37° Ces legs en cas de mort seront payés aux veuves et enfans, et, au défaut de ceux-ci, rentreront à la masse.

III.

1° Mon domaine privé étant ma propriété, dont aucune loi française ne m'a privé, que je sache, le compte en sera demandé au baron de la Bouillerie, qui en est le trésorier ; il doit se monter à plus de deux cent millions de francs ; savoir : 1° le portefeuille contenant les économies que j'ai, pendant quatorze ans, faites sur ma liste civile, lesquelles se sont élevées à plus de douze millions par an, si j'ai bonne mémoire ; 2° le produit de ce porte-feuille ; 3° les meubles de mes palais, tels qu'ils étaient en 1814 ;

les palais de Rome, Florence, Turin y compris.
Tous ces meubles ont été achetés des deniers des
revenus de la liste civile ; 4° la liquidation de mes
maisons du royaume d'Italie, tels qu'argent, argenterie, bijoux, meubles, écuries ; les comptes en
seront donnés par le prince Eugène et l'intendant de
la couronne, Compagnoni.

NAPOLÉON.

Deuxième feuille.

2° Je lègue mon domaine privé, moitié aux officiers et soldats qui restent dans l'armée française,
qui ont combattu depuis 1792 à 1815 pour la gloire
et l'indépendance de la nation ; la répartition en sera
faite au prorata des appointemens d'activité ; moitié
aux villes et campagnes d'Alsace, de Lorraine, de
Franche-Comté, de Bourgogne, de l'île de France,
de Champagne, Forez, Dauphiné, qui auraient
souffert par l'une ou l'autre invasion. Il sera de cette
somme prélevé un million pour la ville de Brienne,
et un million pour celle de Méri.

J'institue les comtes Montholon, Bertrand et Marchand mes exécuteurs testamentaires. Ce présent testament, tout écrit de ma propre main, est signé et
scellé de mes armes.

(Sceau.)   NAPOLÉON.

État (A) joint à mon testament.

I.

Longwood, île de Sainte-Hélène, ce 15 avril 1821.

1° Les vases sacrés qui ont servi à ma chapelle à
Longwood.
2° Je charge l'abbé Vignali de les garder et de les
remettre à mon fils quand il aura seize ans.

II.

1º Mes armes ; savoir : mon épée, celle que je portais à Austerlitz, le sabre de Sobiesky, mon poignard, mon glaive, mon couteau de chasse, mes deux paires de pistolets de Versailles.

2º Mon nécessaire d'or, celui qui m'a servi le matin d'Ulm, d'Austerlitz, d'Iéna, d'Eylau, de Friedland, de l'île de Lobau, de la Moskowa et de Montmirail ; sous ce point de vue, je désire qu'il soit précieux à mon fils. (Le comte Bertrand en est dépositaire depuis 1814.)

3º Je charge le comte Bertrand de soigner et conserver ces objets, et de les remettre à mon fils quand il aura seize ans.

III,

1º Trois petites caisses d'acajou, contenant, la première, trente-trois tabatières ou bonbonnières ; la deuxième, douze boîtes aux armes impériales, deux petites lunettes et quatre boîtes trouvées sur la table de Louis XVIII, aux Tuileries, le 20 mars 1815 ; la troisième, trois tabatières ornées de médailles d'argent, à l'usage de l'empereur, et divers effets de toilette, conformément aux états numérotés I, II, III.

2º Mes lits de camp, dont j'ai fait usage dans toutes mes campagnes.

3º Ma lunette de guerre.

4º Mon nécessaire de toilette, un de chacun de mes uniformes, une douzaine de chemises, et un objet complet de chacun de mes habillemens, et généralement de tout ce qui sert à ma toilette.

5º Mon lavabo.

6º Une petite pendule qui est dans ma chambre à coucher de Longwood.

7º Mes deux montres et la chaîne de cheveux de l'impératrice.

8º Je charge Marchand, mon premier valet de

chambre

chambre , de garder ces objets , et de les remettre à mon fils lorsqu'il aura seize ans.

IV.

1° Mon médailler.

2° Mon argenterie et ma porcelaine de Sèvres , dont j'ai fait usage à Sainte-Hélène (état B et C).

3° Je charge le comte Montholon de garder ces objets , et de les remettre à mon fils quand il aura seize ans.

V.

1° Mes trois selles et brides , mes éperons , qui m'ont servi à Sainte-Hélène.

2° Mes fusils de chasse , au nombre de cinq.

3° Je charge mon chasseur Noverraz de garder ces objets , et de les remettre à mon fils quand il aura seize ans.

VI.

1° Quatre cents volumes choisis dans ma bibliothèque , parmi ceux qui ont le plus servi à mon usage.

2° Je charge Saint-Denis de les garder , et de les remettre à mon fils quand il aura seize ans.

NAPOLÉON.

ÉTAT (*A*).

1° Il ne sera vendu aucun des effets qui m'ont servi ; le surplus sera partagé entre mes exécuteurs testamentaires et mes frères.

2° Marchand conservera mes cheveux et en fera faire un bracelet avec un petit cadenas en or, pour être envoyé à l'impératrice Marie-Louise , à ma mère et à chacun de mes frères , sœurs , neveux , nièces , au cardinal , et un plus considérable pour mon fils.

3° Marchand enverra une de mes paires de boucles à souliers, en or , au prince Joseph.

4° Une petite paire de boucles , en or , à jarretières , au prince Lucien.

5° Une boucle de col , en or , au prince Jérôme.

ÉTAT (*A*).

Inventaire de mes effets, que Marchand gardera
pour remettre à mon fils.

1º Mon nécessaire d'argent, celui qui est sur ma table, garni de tous ses ustensiles, rasoirs, etc.

2º Mon réveil-matin ; c'est le réveil-matin de Frédéric II, que j'ai pris à Potsdam (dans la boîte nº. 111).

3º Mes deux montres, avec la chaîne des cheveux de l'impératrice et une chaîne de mes cheveux pour l'autre montre. Marchand la fera faire à Paris.

4º Mes deux sceaux (un de France enfermé dans la boîte nº 111).

5º La petite pendule dorée qui est actuellement dans ma chambre à coucher.

6º Mon lavabo, son pot à eau et son pied.

7º Mes tables de nuit, celles qui me servaient en France, et mon bidet de vermeil.

8º Mes deux lits de fer, mes matelas et mes couvertures, s'ils se peuvent conserver.

9º Mes trois flacons d'argent où l'on mettait mon eau-de-vie, que portaient mes chasseurs en campagne.

10º Ma lunette de France.

11º Mes éperons (deux paires).

12º Trois boîtes d'acajou, nᵒˢ 1, 11, 111, renfermant mes tabatières et autres objets.

13º Une cassolette en vermeil.

Linge de toilette.

Six chemises.

Six mouchoirs.

Six cravates.

Six serviettes.

Six paires de bas de soie.

Quatre cols noirs.

Six paires de chaussettes.

Deux paires de draps de batiste.

Deux taies d'oreillers.

Deux robes de chambre.

Deux pantalons de nuit.

Une paire de bretelles.

Quatre culottes-vestes de casimir blanc.

Six madras.

Six gilets de flanelle.

Quatre caleçons.

Six paires de guètres.

Une petite boîte pleine de mon tabac.

Une boucle de col en or.

Une paire de boucles à jarretières en or. ⎫ Renfermées dans la pe-

Une paire de boucles en or, à souliers. ⎬ tite boîte n° III.

Habillement.

Un uniforme chasseur.

Un *dito* grenadier.

Un *dito* garde nationale.

Deux chapeaux.

Une capote grise et verte.

Un manteau bleu (celui que j'avais à Marengo).

Une zibeline, pelisse verte.

Deux paires de souliers.

Deux paires de bottes.

Une paire de pantoufles.

Six ceinturons.

NAPOLÉON.

ÉTAT (B).

Inventaire des effets que j'ai laissés chez M. le comte de Turenne.

Un sabre de Sobieski. (C'est par erreur qu'il est porté sur l'état *A* ; c'est le sabre que l'empereur portait à Aboukir qui est entre les mains de M. le comte Bertrand.)

Un grand collier de la légion-d'honneur.

Une épée en vermeil.

Un glaive de consul.

Une épée en fer.

Un ceinturon de velours.

Un collier de la toison d'or.

Un petit nécessaire en acier.

Une veilleuse en argent.

Une poignée de sabre antique.

Un chapeau à la Henri iv et une toque ; les dentelles de l'empereur.

Un petit médailler.

Deux tapis turcs.

Deux manteaux de velours cramoisi brodés , avec vestes et culottes.

1° Je donne à mon fils le sabre de Sobieski.

Idem , le collier de la légion-d'honneur.

Idem , l'épée en vermeil.

Idem , le glaive de consul.

Idem , l'épée en fer.

Idem , le collier de la toison d'or.

Idem , le chapeau à la Henri iv et la toque.

Idem , le nécessaire d'or pour les dents , resté chez le dentiste.

2° A l'impératrice Marie-Louise , mes dentelles.

A Madame , la veilleuse en argent.

Au cardinal , le petit nécessaire en acier.

Au prince Eugène , le bougeoir en vermeil.

A la princesse Pauline , le petit médailler.

A la reine de Naples , un petit tapis turc.

A la reine Hortense , un petit tapis turc.

Au prince Jérôme , la poignée de sabre antique.

Au P^{ce}. Joseph , un manteau brodé , veste et culotte.

Au P^{ce}. Lucien , un manteau brodé , veste et culotte.

NAPOLÉON.

Ce 24 avril 1821 , Longwood.

Ceci est mon codicille, ou acte de ma dernière volonté.

Sur les fonds remis en or à l'impératrice Marie-

Louise , ma très-chère et bien-aimée épouse ; à Orléans , en 1814, elle reste me devoir deux millions , dont je dispose par le présent codicille , afin de récompenser mes plus fidèles serviteurs , que je recommande du reste à la protection de ma chère Marie-Louise.

1° Je recommande à l'impératrice de faire restituer au comte Bertrand les trente mille francs de rente qu'il possède dans le duché de Parme et sur le Mont-Napoléon de Milan , ainsi que les arrérages échus.

2° Je lui fais la même recommandation pour le duc d'Istrie, la fille de Duroc , et autres de mes serviteurs qui me sont restés fidèles et qui me sont toujours chers ; elle les connaît.

3° Je lègue sur les deux millions ci-dessus mentionnés , trois cent mille francs au comte Bertrand , sur lesquels il versera cent mille francs dans la caisse du trésorier pour être employés , selon mes dispositions, à des legs de conscience.

4° Je lègue deux cent mille francs au comte Montholon , sur lesquels il versera cent mille francs dans la caisse du trésorier , pour le même usage que ci-dessus.

5° Idem , deux cent mille francs au comte Las Cases, sur lesquels il versera cent mille francs dans la caisse du trésorier, pour le même usage que ci-dessus.

6° Idem , à Marchand , cent mille francs sur lesquels il versera cinquante mille francs dans la caisse , pour le même usage que ci-dessus.

7° Au maire d'Ajaccio, au commencement de la révolution , Jean-Jérôme Levi , ou à sa veuve , enfans et petits-enfans , cent mille francs.

8° A la fille de Duroc , cent mille francs.

9° Au fils de Bessière, duc d'Istrie, cent mille francs.

10° Au général Drouot , cent mille francs.

11° Au comte Lavalette , cent mille francs.

12° Idem , cent mille francs, savoir :

Vingt-cinq mille francs à Piéron, mon maître-d'hôtel.

Vingt-cinq mille francs à Noverraz , mon chasseur.

16.

Vingt-cinq mille francs à Saint-Denis, le garde de mes livres.

Vingt-cinq mille fr. à Santini, mon ancien huissier.

13° *Idem*, cent mille francs, savoir :

Quarante mille francs à Planat, mon officier d'ordonnance.

Vingt mille fr. à Hébert, dernièrement concierge à Rambouillet, et qui était de ma chambre en Égypte.

Vingt mille francs à Lavigné, qui était dernièrement concierge d'une de mes écuries, et qui était mon piqueur en Egypte.

Vingt mille francs à Jeannet-Dervieux, qui était piqueur des écuries, et me servait en Egypte.

14° Deux cent mille francs seront distribués en aumônes aux habitans de Brienne-le-Château qui ont le plus souffert.

15° Les trois cent mille francs restant seront distribués aux officiers et soldats du bataillon de ma garde de l'île d'Elbe, actuellement vivans, ou à leurs veuves et leurs enfans, au prorata des appointemens, et selon l'état qui sera arrêté par mes exécuteurs testamentaires ; les amputés ou blessés grièvement auront le double. L'état en sera arrêté par Larrey et Emery.

Ce codicille est écrit tout de ma propre main, signé et scellé de mes armes.

NAPOLÉON.

Ce 24 avril 1821. — Longwood.

Ceci est mon codicille ou acte de ma dernière volonté.

Sur la liquidation de ma liste civile d'Italie, telle qu'argent, bijoux, argenterie, linge, meubles, écurie, dont le vice-roi est dépositaire, et qui m'appartiennent, je dispose de deux millions que je lègue à mes plus fidèles serviteurs. J'espère que, sans s'autoriser d'aucune raison, mon fils Eugène Napoléon les acquittera fidèlement ; il ne peut oublier les quarante millions de francs que je lui ai donnés , soit en Italie , soit par le partage de la succession de sa mère.

1º Sur ces deux millions , je lègue au comte Bertrand trois cent mille francs , dont il versera cent mille francs dans la caisse du trésorier pour être employés selon mes dispositions , à l'acquit de legs de conscience.

2º Au comte Montholon , deux cent mille francs , dont il versera cent mille francs à la caisse , pour le même usage que ci-dessus.

3º Au comte Las Cases , deux cent mille francs , dont il versera cent mille francs dans la caisse , pour le même usage que ci-dessus.

4º A Marchand , cent mille francs , dont il versera cinquante mille francs à la caisse , pour le même usage que ci-dessus.

5º Au comte Lavalette , cent mille francs.

6º Au général Hogendorf hollandais , mon aide-de-camp réfugié au Brésil , cent mille francs.

7º A mon aide-de-camp Corbineau , cinquante mille francs.

8º A mon aide-de-camp Caffarelli, cinquante mille fr.

9º A mon aide-de-camp Dejean , cinquante mille fr.

10º A Percy , chirurgien en chef à Waterloo , cinquante mille francs.

11º Cinquante mille francs , savoir :

Dix mille francs à Piéron , mon maître d'Hôtel.

Dix mille fr. à Saint-Denis, mon premier chasseur.

Dix mille francs à Noverraz.

Dix mille francs à Cursot, mon maître d'office.

Dix mille francs à Archambaud , mon piqueur.

12º Au baron Menneval , cinquante mille francs.

13º Au duc d'Istrie, fils de Bessières , cinquante mille francs.

14º A la fille de Duroc , cinquante mille francs.

15º Aux enfans de Labédoyère , cinquante mille fr.

16º Aux enfans de Mouton-Duvernet , cinquante mille francs.

17° Aux enfans du brave et vertueux général Travot, cinquante mille francs.

18° Aux enfans de Chartrand, cinquante mille fr.

19° Au général Cambrone, cinquante mille francs.

20° Au général Lefèvre-Desnouettes, cinquante mille francs.

21° Pour être répartis entre les proscrits qui errent en pays étrangers. Français, ou Italiens, ou Belges, ou Hollandais, ou Espagnols, ou des départemens du Rhin, sur ordonnances de mes exécuteurs testamentaires, cent mille francs.

22° Pour être répartis entre les amputés ou blessés grièvement de Ligny, Waterloo, encore vivaus, sur des états dressés par mes exécuteurs testamentaires, auxquels seront adjoints Cambrone, Larrey, Percy et Emery, il sera donné double à la garde, quadruple à ceux de l'île d'Elbe, deux cent mille fr.

Ce codicille est écrit entièrement de ma propre main, signé et scellé de mes armes.

NAPOLÉON.

Ce 24 avril 1821, Longwood.

Ceci est un troisième codicille à mon testament du 15 avril.

1° Parmi les diamans de la couronne qui furent remis en 1814, il s'en trouvait pour cinq à six cent mille francs qui n'en étaient pas et faisaient partie de mon avoir particulier ; on les fera rentrer pour acquitter mes legs.

2° J'avais chez le banquier Torlonia, de Rome, deux à trois cent mille francs en lettres de change, produits de mes revenus de l'île d'Elbe, depuis 1815 ; le sieur de la Perruse, quoiqu'il ne fût plus mon trésorier, et n'eût pas de caractère, a tiré à lui cette somme ; on la lui fera restituer.

3° Je lègue au duc d'Istrie trois cent mille francs, dont seulement cent mille francs reversibles à la veuve, si le duc était mort lors de l'exécution du legs. Je désire, si cela n'a aucun inconvénient, que le duc épouse la fille de Duroc.

4º Je lègue à la duchesse de Frioul, fille de Duroc, deux cent mille francs ; si elle était morte avant l'exécution du legs, il ne sera rien donné à la mère.

5º Je lègue au général Rigaud, celui qui a été proscrit, cent mille francs.

6º Je lègue à Boisnod, commissaire ordonnateur, cent mille francs.

7º Je lègue aux enfans du général Letort, tué dans la campagne de 1815, cent mille francs.

8º Ces huit cent mille francs de legs seront comme s'ils étaient portés à la suite de l'article 36 de mon testament, ce qui porterait à six millions quatre cent mille francs la somme des legs dont je dispose par mon testament, sans comprendre les donations faites par mon second codicille.

Ceci est écrit de ma propre main, signé et scellé de mes armes.

(Seau.) NAPOLÉON.

AU DOS.

Ceci est mon troisième codicile à mon testament, tout entier écrit de ma main, signé et scellé de mes armes.

Sera ouvert le même jour, et immédiatement après l'ouverture de mon testament.

NAPOLÉON.

Ce 24 avril 1821. — Longwood.

Ceci est un quatrième codicille à mon testament.

Par les dispositions que nous avons faites précédemment, nous n'avons pas rempli toutes nos obligations, ce qui nous a décidé à faire ce quatrième codicille.

1º Nous léguons au fils ou petit-fils du baron Dutheil, lieutenant-général d'artillerie, ancien seigneur de Saint-André, qui a commandé l'école d'Auxonne avant la révolution , la somme de 100,000 (cent mille francs) , comme souvenir de reconnaissance pour les soins que ce brave général a pris de nous lorsque nous étions comme lieutenant et capitaine sous ses ordres.

2° *Idem* , au fils ou petit-fils du général Dugommier , qui a commandé en chef l'armée de Toulon , la somme de cent mille francs (100,000) ; nous avons , sous ses ordres , dirigé ce siège , et commandé l'artillerie ; c'est un témoignage de souvenir pour les marques d'estime , d'affection et d'amitié que nous a données ce brave et intrépide général.

3° *Idem*. Nous léguons cent mille francs (100,000) aux fils , ou petits-fils du député à la Convention , Gasparin , représentant du peuple à l'armée de Toulon , pour avoir protégé et sanctionné de son autorité , le plan que nous avons donné , qui a valu la prise de cette ville , et qui était contraire à celui envoyé par le comité de salut public. Gasparin nous a mis par sa protection à l'abri des persécutions de l'ignorance des états-majors qui commandaient l'armée avant l'arrivée de mon ami Dugommier.

4° *Idem*. Nous léguons cent mille francs (100,000) à la veuve , fils ou petits-fils de notre aide-de-camp Muiron , tué à nos côtés à Arcole , nous couvrant de son corps.

5° *Idem* , (10,000) dix mille francs au sous-officier Cantillon , qui a essuyé un procès comme prévenu d'avoir voulu assassiner lord Wellington , ce dont il a été déclaré innocent. Cantillon avait autant de droit d'assassiner cet oligarque , que celui-ci de m'envoyer pour périr sur le rocher de Sainte-Hélène. Wellington , qui a proposé cet attentat , cherchait à le justifier par l'intérêt de la Grande-Bretagne. Cantillon , si vraiment il eût assassiné le lord , se serait couvert et aurait été justifié par les mêmes motifs , l'intérêt de la France , de se défaire d'un général qui d'ailleurs avait violé la capitulation de Paris , et par-là s'était rendu responsable du sang des martyrs Ney , Labédoyère , etc. , etc. , et du crime d'avoir dépouillé les musées, contre le texte des traités.

6° Ces 400,000 francs (quatre cent mille francs) seront ajoutés aux six millions quatre cent mille francs dont nous avons disposé, et porteront nos legs à six millions huit cent dix mille francs ; ces quatre cent mille francs doivent être considérés comme faisant partie de notre testament, article 35, et suivre en tout le même sort que les autres legs.

7° Les neuf mille livres sterlings que nous avons données au comte et à la comtesse Montholon, doivent, si elles ont été soldées, être déduites et portées en compte sur les legs que nous lui faisons par nos testamens ; si elles n'ont pas été acquittées, nos billets seront annulés.

8° Moyennant le legs fait par notre testament au comte Montholon, la pension de vingt mille francs accordée à sa femme est annulée ; le comte Montholon est chargé de la lui payer.

9° L'administration d'une pareille succession, jusqu'à son entière liquidation, exigeant des frais de bureaux, de courses, de missions, de consultations, de plaidoirie, nous entendons que nos exécuteurs testamentaires retiendront trois pour cent sur tous les legs, soit sur les six millions huit cent mille francs, soit sur les sommes portées sur les codicilles, soit sur les deux cent millions de fr. du domaine privé.

10° Les sommes provenant de ces retenues seront déposées dans les mains d'un trésorier, et dépensées sur mandat de nos exécuteurs testamentaires.

11° Si les sommes provenant desdites retenues n'étaient pas suffisantes pour pourvoir aux frais, il y sera pourvu aux dépens des trois exécuteurs testamentaires et du trésorier, chacun dans la proportion du legs que nous leur avons fait par notre testament et codicille.

12° Si les sommes provenant des susdites retenues sont au-dessus des besoins, le restant sera partagé entre nos trois exécuteurs testamentaires et le trésorier, dans le rapport de leurs legs respectifs.

13° Nous nommons le comte Las Cases, et, à son

(190)

défaut, son fils ; et , à son défaut, le général Drouot , trésorier.

Ce présent codicille est entièrement écrit de notre main, signé et scellé de nos armes.

NAPOLÉON.

Première lettre. — A M. LAFITTE.

Monsieur Lafitte , je vous ai remis, en 1815, au moment de mon départ de Paris , une somme de près de six millions , dont vous m'avez donné un double reçu. J'ai annulé un des reçus , et je charge le comte de Montholon de vous présenter l'autre reçu pour que vous ayez à lui remettre , après ma mort , ladite somme , avec les intérêts , à raison de cinq pour cent , à dater du premier juillet 1815 , en défalquant les paiemens dont vous avez été chargé en vertu d'ordres de moi.

Je désire que la liquidation de votre compte soit arrêtée entre vous , le comte Montholon , le comte Bertrand et le sieur Marchand , et cette liquidation réglée, je vous donne, par le présent , décharge entière et absolue de ladite somme.

Je vous ai également remis une boîte contenant mon médailler : je vous prie de le remettre au comte Montholon.

Cette lettre n'étant à autre fin , je prie Dieu, monsieur Lafitte , qu'il vous ait en sa sainte et digne garde. NAPOLÉON.

Longwood , île Sainte-Hélène, ce 25 avril 1821.

Seconde lettre. — A M. LE BARON LA BOUILLERIE.

Monsieur le baron Labouillerie, trésorier de mon domaine privé, je vous prie d'en remettre le compte et le montant, après ma mort, au comte Montholon, que je charge de l'exécution de mon testament.

Cette lettre n'étant à autre fin , je prie Dieu, monsieur le baron Labouillerie , qu'il vous ait en sa sainte et digne garde. NAPOLÉON.

Longwood , île Sainte-Hélène, ce 25 avril 1821.

FIN.